Harald Gerlach
»Man liebt nur, was einen in Freyheit setzt«

Harald Gerlach

»Man liebt nur, was einen in Freyheit setzt«

Die Lebensgeschichte des
Friedrich Schiller

Harald Gerlach, geboren 1940 in Niederschlesien, 1945 Flucht der Familie nach Thüringen. Schriftsetzerlehre und Journalistikstudium bricht er ab, um 1961 illegal die DDR zu verlassen. Er wandert durch Südeuropa, kommt nach seiner Rückkehr in Untersuchungshaft, anschließend Kiesgrubenarbeiter und Totengräber. Ab 1962 als Hof- und später Bühnenarbeiter, dann -meister am Theater Erfurt, von 1970 bis 1984 Dramaturg, literarischer Mitarbeiter und später Hausautor. Danach freischaffend. Er war Mitglied des PEN, verfasste Gedichte, Romane, Bühnentexte, Essays, Hörspiele, Hörfunksendungen und wurde mit zahlreichen Preisen und Stipendien ausgezeichnet. *Harald Gerlach* starb 2001 in Leimen bei Heidelberg.

www.beltz.de
© 2004 Beltz & Gelberg
in der Verlagsgruppe Beltz · Weinheim Basel
Alle Rechte vorbehalten
Neue Rechtschreibung
Lektorat: Frank Griesheimer
Umschlaggestaltung: Dorothea Göbel
Bildnachweis im Anhang
Satz: WMTP, Birkenau
Gesamtherstellung: Druckhaus Beltz, Hemsbach
Printed in Germany
ISBN 3 407 80877 1
1 2 3 4 5   08 07 06 05 04

Inhalt

Geleitwort
von Prof. Dr. Lothar Ehrlich
(Stiftung Weimarer Klassik und Kunstsammlungen)

I.
»mag der Sturmwind treiben«
1782 – Schillers Flucht aus der Heimat   17

II.
»gnädigster Herzog«
Der Landesvater Carl Eugen gründet
eine militärische Pflanzschule   31

III.
»wir wollen ein Buch machen«
Regimentsmedikus und Räuberhauptmann   39

IV.
»will ihn nennen den schönen Tag«
Vom Versuch, sich eine Biographie zu erfinden   55

V.
»daß komisches mit tragischem wechselt«
Exil in Bauerbach
und ein Vertrag aus Mannheim   63

VI.
»auf der Folter der Geschäfte«
Schulden, Demütigungen
und andere Desaster   77

VII.
»Freude, schöner Götterfunken«
Auf Besuch in Weimar   89

VIII.
»erwarte nun alle Tage auf eine Vocation«
Ein Herzog stirbt
und Schiller entscheidet sich für eine Ehefrau   108

IX.
»welcher reichliche Stoff findet sich da!«
Schiller und Goethe erfinden die Klassik   130

X.
»der Pfeil ist abgedrückt, er fliegt!«
Für immer in Weimar   148

XI.
»das Ungeheure auch lerne erwarten«
1805 – Schiller erliegt seiner Krankheit   168

Epilog
Ein kurzes Wort zu Schillers Nachwirkungen   176

Zeittafel   185

Bibliographie   189

Bildnachweis   192

Geleitwort

von Prof. Dr. Lothar Ehrlich
Stiftung Weimarer Klassik und Kunstsammlungen

»Woher die Friktionen nehmen, die aus unserer Seele die erhofften Funken schlagen?«

Diese Zeilen finden sich in Harald Gerlachs Gedicht *Bauerbach*, das er in seinen letzten Lyrikband *nirgends und zu keiner Stunde* (1998) aufgenommen hat. Es steht zwischen Porträtgedichten wie *Hölderlin in Homburg* und *Kleist in Würzburg*. Der unmittelbare werkgeschichtliche Zusammenhang erschließt sich indessen wohl nur dem Kenner der Biographie Schillers, der weiß, dass Schiller vom Dezember 1782 bis zum Juli 1783 in dem Dorf Bauerbach bei Meiningen lebte. In dem dreistrophigen Gedicht Harald Gerlachs wird Schillers dortige Schaffenssituation pointiert vergegenwärtigt.

Schiller arbeitete als Gast im Gutshaus der Henriette von Wolzogen an dem bürgerlichen Trauerspiel *Luise Millerin* und entwarf die Handlung zum *Don Carlos*. Trotz beträchtlicher literarischer Produktivität war er in Bauerbach wiederum mit seiner künstlerischen Schaffensmisere als Theaterdichter konfrontiert. Auf seine schöpferischen frühen Jahre in Südwestdeutschland zurückblickend, wurde ihm in dem kleinen thüringischen Ort zunehmend bewusst, dass er, bei aller auch angenehmen Versorgtheit, ein heimatloser Künstler war, dessen Leben und Werk immer noch keine Perspektive gewonnen hatten.

In der Einsamkeit Bauerbachs litt der Dichter zunehmend daran, dass ein künstlerisches Genie *doch entsezlich zurückwachsen, zusammenschrumpfen kann, wenn ihm der Stoß von außen fehlt*, wie er am 21. Februar 1783 seinem einzigen Vertrauten, dem Meininger Bibliothekar Reinwald, gestand. Und die Frage »Woher die Friktionen nehmen, die aus / unserer Seele die erhofften Funken schlagen?« geht auf einen Schiller-Text zurück, den Gerlach auch in der vorliegenden Biographie verwandte: *Tausend Ideen schlafen in mir, und warten auf die Magnetnadel, die sie zieht – Unsre Seelen scheinen, wie die Körper, nur durch Friction Funken zu geben.* Diese Formulierung findet sich in einem Brief Schillers an den Meininger Freund vom 9. Juni 1783 und stellt eine Verbindung zur immer existenziell zugespitzten Lebens- und Schaffensproblematik Harald Gerlachs her. Er war in den Nachkriegsjahren im benachbarten Grabfeld (in Römhild und der Gegend um die beiden Gleichberge) aufgewachsen und hatte dort tief greifende Prägungen erfahren, die ihn immer wieder in diese Landschaft zurückkehren ließen und seine poetischen Werke und kritischen Schriften stark beeinflussten.

Schiller fehlte in Bauerbach die wichtigste Bedingung für die Entstehung weiterer künstlerischer Werke: die notwendige aktive Reibung an den Widersprüchen des menschlichen Lebens. Und er befürchtete, sich eingestehen zu müssen, so im Gedicht von Gerlach (übrigens textidentisch mit einem Brief Schillers an Reinwald vom 14. April 1783) notiert: »Das Schicksal stritte / zu früh wider mich.« Diese Einsicht nun dürfte auch für den zeitlebens unbehausten Poeten Harald Gerlach von exemplarischer Bedeutung gewesen sein, und insofern finden sich sowohl in seinem Gedicht *Bauerbach* als auch in dem betreffenden Kapitel seiner Schiller-Biographie die wesentlichen Ansatzpunkte für seine Auseinandersetzung mit dem »klassischen« Schriftsteller.

Ohne »Frictionen« – zumeist mit Folgen, die die künstlerische Individualität verletzen – hätte auch das umfangreiche literarische und theatralische Œuvre Gerlachs nicht entstehen können. Seine »Friktionen« setzten einen letztlich nicht aufhebbaren Gegensatz zur vorgefundenen, ihn immer wieder zu aggressiven künstlerischen Reaktionen provozierenden Wirklichkeit voraus. Und gerade in dieser Unversöhnlichkeit, die aus dem Widerspruch zwischen humaner Utopie und inhumaner Realität resultierte, wurzelt seine Dichtung.

Dabei beschäftigte sich Gerlach zunächst, in Opposition zur offiziellen Klassik-Rezeption in der DDR, vorwiegend mit Außenseitergestalten der deutschen Literaturgeschichte, rieb sich etwa an Gestalt und Werk von Johann Christian Günther oder Johann Peter Uz, von Jakob Michael Reinhold Lenz oder Christian Dietrich Grabbe. Oft entstanden, eben inspiriert durch die gespürte Verwandtschaft mit den nachempfundenen biographischen Dispositionen, aufregende epische, lyrische und dramatische Werke, die gerade durch ihre bis in Grenzbereiche menschlicher Befindlichkeit gehenden Figuren Produktivität entfalteten. Neben den zahlreichen, auch andere nationale Literaturen einbeziehenden Porträtgedichten wären das Theaterstück über Günther *Die Straße* (1979), das als Opernlibretto bearbeitete Lustspiel von Grabbe *Scherz, Satire, Ironie und tiefere Bedeutung* (1987) und die Uz-Novelle *Abschied von Arkadien* (1988) hervorzuheben. Andererseits kam es, obwohl die Kenntnis der Werke Goethes und Schillers bei dem Theatermann Gerlach durchaus früh vorausgesetzt werden darf, erst recht spät zu einer umfassenden, selbstverständlich kritischen Beschäftigung mit den beiden Weimarer Klassikern.

Auffällig dabei ist, dass Harald Gerlach in den nur scheinbar harmonischen Werken Goethes und Schillers unversöhnte Widersprüche entdeckte und solche zugleich auch in ihren durch die Rezeptionsgeschichte oft geglätteten Biographien wahrnahm. In den Jahren vor Goethes 250. Geburtstag 1999 befasste er sich eingehend mit dem größten deutschen Dichter, ohne sich etwa durch dessen »Klassizität« »einschüchtern« (Brecht) zu lassen. Mit Jürgen von Esenwein schuf er eine CD-

ROM, zu der er unter anderem den umfänglichen Essay *Gelassener Schritt am Rande des Abgrunds. Goethe oder wie man mit Krisen leben lernt* beisteuerte. Überdies schrieb Gerlach, während einer Fußwanderung auf den Spuren Goethes durch das Elsass, mehrere Rundfunkbeiträge, die dessen lebens- und werkgeschichtliche Probleme der Sturm-und-Drang-Zeit freilegen. Doch scheint ihm Friedrich Schiller, nicht zuletzt wegen der gemeinsamen belastenden Lebensverhältnisse, näher gestanden zu haben. Die Wahrnehmung solcher Übereinstimmungen, unter verschiedenen historischen Bedingungen, reizte ihn, sich mit Schiller biographisch zu beschäftigen und sich dabei an seiner Gestalt im Sinne eigener Vergewisserung abzuarbeiten.

Harald Gerlach hatte bereits in dem Gedicht *Schiller, variant* (entstanden wohl im Vorfeld einer Inszenierung von *Kabale und Liebe* am Erfurter Theater, an dem er zwischen 1970 und 1984 als Dramaturg und literarischer Mitarbeiter engagiert war, und veröffentlicht in dem Band *Mauerstücke* 1979) einen wichtigen Aspekt des Werkes thematisiert: die Sprengkraft der Kammerdiener-Szene. Abgesehen von der dramaturgischen Begleitung des Regieteams bei der szenischen Interpretation des Stücks, blieb Schiller in den achtziger Jahren jedoch noch außerhalb seines Schaffenshorizonts. Der Außenseiter in der Kulturlandschaft der DDR orientierte sich weiterhin an den nicht kanonisierten Außenseitern der deutschen Literaturgeschichte.

Erst 1993 dachte Gerlach aus Anlass einer Ehrung durch die Deutsche Schillerstiftung in Weimar mit Sympathie über das »auf Humanisierung gerichtete« wirkungsästhetische Programm des klassischen Autors nach. Da entdeckte er Schiller und wandte sich gegen eine Abweisung seiner Dramen mit der unter Theaterleuten vielfach üblichen Verunglimpfung des »Pathos«. Schillers Gedicht *Die Künstler* erhielt nun gleichsam beispielhafte Bedeutung, ebenso die Schriften *Was kann eine gute stehende Schaubühne eigentlich wirken* (1784) und *Über die ästhetische Erziehung des Menschen in einer Reihe von Briefen* (1794). Das freilich keineswegs unkritische Bekenntnis zur Dramen- und Theaterästhetik Schillers war nicht nur neu, sondern bei einem Autor, der sich in der anti-klassischen Tradition des epischen Theaters von Brecht und Heiner Müller begriffen hatte, auch überraschend. Unerwartet war es durchaus nicht.

Harald Gerlach hatte sich nach dem Ende der DDR immer mehr vom Theater zurückgezogen. Zwar begann dieser Prozess einer künstlerischen Umorientierung bereits im Jahre 1984, als er wegen zunehmender Theaterenttäuschung und politischer Bevormundung die Erfurter Bühne verließ. Dieser Schritt bedeutete jedoch noch keinen Abschied vom Theater, wie man an der anschließenden Tätigkeit in Rudolstadt erkennt, und auch nach 1989 nahm er zunächst regen Anteil an der nun möglichen unbehinderten Umsetzung einiger seiner experimentellen Theatertexte, so in Marseille, Braunschweig, Esslingen und Zwickau. Von einem anhaltenden Bühnenerfolg konnte allerdings nicht die Rede sein. Gerlach fühlte sich verunsichert nicht nur durch diese Erfahrung, sondern zudem durch die Einsicht, dass das Theater einer (in der DDR sicher überzogen beanspruchten) gesellschaftlichen Wirkungsmöglichkeit nahezu beraubt war. Eine Konsequenz war für ihn, eben nicht mehr auf kurzzeitige Wirkung von Inszenierungen seiner Stücke zu hoffen. Er verlagerte sein Interesse einerseits auf Epik und Lyrik, andererseits auf lebens- und werkgeschichtliche Studien zur deutschen Literatur und Kultur.

In den letzten Schaffensjahren führten die gesellschaftlichen und künstlerischen »Friktionen« auch zur hier vorgelegten Schiller-Biographie, die das Leben des »Klassikers« mit frischer, ungezügelter Leidenschaft erfasst und damit der Lektüre eines vornehmlich jugendlichen Publikums empfiehlt. Es entstand ein Text, der die leidvolle Geschichte des Dichters jedoch nicht so sehr in der genauen Abfolge der Ereignisse anschaulich schildert, sondern weitgehend essayistisch erörtert, durchaus mit einzelnen spannend, aber knapp und gedrängt erzählten Passagen. Darin besteht die stilistische Stärke dieser literarischen Biographie, die durch ihre künstlerische Eindrücklichkeit die Grundzüge von Schillers Leben einfühlsam mit epischem Lakonismus nachzeichnet.

Der besondere geistige und ästhetische Gewinn der Biographie besteht darin, dass es Gerlach gelang, die Schillers Werk prägenden Spannungen immer wieder an markanten Stationen seines privaten wie öffentlichen Lebens zu verdeutlichen. Die Gestalt des Dichters erscheint daher vor dem Auge des Lesers als eine anregende, ja ungemein erregende Künstlerpersönlichkeit, in der sich die Widersprüche eines ethisch verantworteten Lebens spiegeln.

In der Dankrede bei der Verleihung der Ehrengabe der Deutschen Schillerstiftung erinnerte Harald Gerlach an die im *Don Carlos* an den König von Spanien gerichteten Worte des Marquis von Posa: *Werden Sie uns Muster / Des Ewigen und Wahren.* Diesen Appell zitiert auch das letzte, das wirkungsgeschichtliche Kapitel seiner Biographie, in dem die Auseinandersetzung mit dem Werk Schillers in Deutschland skizziert wird. Auch wenn die Bilanz der zweihundertjährigen Rezeption, gerade im 20. Jahrhundert, unter dem Aspekt der Vermittlung des Humanen durch Kultur alles andere als ermutigend gewesen sein mag, so sollte das nicht gegen die ethischen und ästhetischen Bemühungen des klassischen Autors sprechen. Auch nicht gegen eine Beschäftigung mit seinen Werken. Und erst recht nicht gegen die Bemühungen Harald Gerlachs, der Schiller für uns neu gelesen und beschrieben hat. Und dies bei aller notwendigen kritischen Hinterfragung solcher Parolen wie der von Posa, die auch heutzutage noch unabgegolten sein dürften. Wie manch andere von Schiller als Utopie formulierte und von Gerlach gern als historische Analogie zitierte.

Und so sei der Schiller-Biographie *»Man liebt nur, was einen in Freyheit setzt«* eine nachhaltige Aufnahme gewünscht, zumal es eine Biographie ist, die dieses Motto nicht nur für den Schriftsteller als Leitidee für das künstlerische Schaffen, sondern für den Menschen als Grundwert des Lebens behaupten und bestätigen möchte.

Weimar, im Juni 2004

I.

»mag der Sturmwind treiben«
Schillers Flucht aus der Heimat im Jahre 1782

Das Fortlaufen ist eine Idee, die unerwartet auftaucht; niemand weiß genau zu sagen, woher sie kommt. Und sie gibt keine Ruhe, bis sie sich gegen die Normalität des Dableibens durchgesetzt hat ...

Friedrich Schiller ist zweiundzwanzig Jahre alt, als ihn die Idee heimsucht, aus der schwäbischen Heimat davonzulaufen. Und sie rechtfertigt ihr unerwartetes Auftauchen mit ganz unterschiedlichen Gründen. Du hast hohe Schulden, sagt sie. So hohe, dass du sie daheim niemals wirst abtragen können. Oder sie sagt: Du musst, wenn du hier bleibst, Dinge tun, zu denen du keine Lust hast (zum Beispiel musst du dich zum Doktor der Medizin fertig studieren). Und sie sagt auch: Wenn du nicht gehst, hast du keine Freiheit, über dein Leben zu entscheiden. Du wirst immer tun müssen, was dein willkürlicher Herzog oder dein militärischer Vater anordnen! Also lässt sich Schiller auf diese Idee des Fortlaufens ein.

Am Anfang ist es ein Spiel; es soll effektvoll und spannend inszeniert werden: Räuber und Gendarm, möchte man denken. Zwei Räuberdarsteller agieren dann auch fleißig – weniger nach allen Regeln der Kunst als vielmehr nach ihren laienhaften Vorstellungen. Nur: Die Gendarmen verpassen leider ihren Auftritt. Oder: Es mangelt ihnen gar an der nötigen Lust. Daran geht jedes Spiel zugrunde, also auch dieses. Genauer: Es kommt überhaupt nicht richtig in Gang. Und ganz komisch wird dann die Sache, als die Räuber so tun, als seien ihnen die Gendarmen hart auf den Fersen. Denn die Zuschauer merken natürlich schon bald: Da ist gar niemand hinter den Flüchtlingen her! So verliert sich schon bald das Interesse an dieser Inszenierung. Das Publikum steht gelangweilt auf und geht nach Hause. Der Vorhang ist geschlossen; niemand hat applaudiert. Die beiden Akteure ohne Gegenspieler stehen dumm auf der Bühne herum. Das Stück ist durchgefallen.

Von wem hier die Rede ist? Der eine der beiden Räuberdarsteller, in der Rollenaufteilung offenkundig der Hauptmann, heißt natürlich Friedrich Schiller. Der andere, sein Bursche und Zahlmeister, ist Andreas Streicher. Die Gendarmen, die nicht eingreifen, sind die Militärs des Herzogs von Württemberg, der sich zur fraglichen Zeit sehr für seinen russischen Staatsbesuch interessiert, nicht aber für die persönlichen Sorgen und Probleme seines Regimentsmedikus Schiller. Die Adressaten bis heute sind wir, die literarische Öffentlichkeit, der seit Jahrhunderten die Legende einer abenteuerlichen und lebensgefährlichen Flucht des rebellischen jungen Dichters vor seinem despotischen Landesherrn erzählt werden soll. In Wirklichkeit trägt sich aber dies zu:

Am Vormittag des 22. September 1782, pünktlich 10 Uhr, erscheint der Musikstudent Andreas Streicher in der Stuttgarter Wohnung des befreundeten Regimentsmedikus Friedrich Schiller, nachdem dieser am zeitigen Morgen seine letzte Lazarettvisite erledigt hat. Man ist verabredet; heimlich, versteht sich, schließlich will man am Abend aus dem Herzogtum fliehen. Kein gefahrloses Unternehmen, das bleibt anzumerken. Denn Schiller ist Militärangehöriger, wenn auch ohne Offiziersuniform. Unerlaubte Entfernung von der Truppe gilt als Fahnenflucht und wird, je nach Lust und Laune des Richters, mit hoher Strafe geahndet.

Umso überraschender ist es, dass Friedrich Schiller seine Verabredung mit dem Freund und damit die geplante Flucht völlig vergessen zu haben scheint, denn er ist eben beschäftigt, ein Gedicht zu entwerfen – als Antwort auf eine Ode des älteren Dichter-Kollegen Friedrich Gottlieb Klopstock, die er beim Aufräumen gefunden und gelesen hat. Der letzte Teil des Reisegepäcks ist noch nicht, wie besprochen, vorbereitet. Verstört geht Streicher durch die Stadt. Die ist in heller Aufregung. Der russische Großfürst Paul weilt mit Maria Feodorowna, Nichte des württembergischen Herzogs und künftige »Kaiserin aller Reußen«, zu Besuch. Der Landesvater Carl Eugen lässt aus diesem Anlass ein prachtvolles Fest feiern, das über etliche Tage und Nächte geht. An die 6000 Hirsche sind aus allen Landesteilen in ein Waldstück nahe dem Ludwigsburger

Schloss Solitude gebracht und werden aus diversen Lusthäusern massenhaft abgeschossen. Konzerte, Paraden, Theateraufführungen und Bälle lösen einander ab. Die Feier kostet den Herzog am Ende 345 000 Gulden.

Am Abend erscheint Schiller endlich bei Streicher; er hat ein wenig Gepäck und vor allem zwei alte Pistolen bei sich. Beide sind zum Schießen nicht mehr geeignet. Er zählt seine Barschaft vor: 23 Gulden. Streicher hat 28 Gulden in der Börse. So will man aus dem württembergischen Stuttgart ins kurpfälzische Mannheim, also ins »Ausland«, nach Baden. Ein Kutschwagen ist gemietet. Um eine falsche Richtung vorzutäuschen, fährt man durchs Esslinger Tor aus der Stadt. Man gibt sich als Dr. Wolf und Dr. Ritter aus. So ganz geheim ist das Unternehmen am Ende wohl doch nicht geblieben – immerhin hat man den Tag so gewählt, dass am Esslinger Tor Wachen stehen, die den Regimentsmedikus Schiller nicht von Angesicht kennen. Und der an diesem Abend für die Wachmannschaften verantwortliche Leutnant ist Georg Friedrich Scharffenstein, Schillers innigste Jugendfreundschaft. Für Andreas Streicher ist der ganze Mummenschanz sowieso ziemlich albern: Der junge Musiker will nach Hamburg, um dort seine Ausbildung abzuschließen. In seinem Reisegepäck sind keine antiquierten Pistolen, sondern Noten und ein kleines Klavier. Dagegen hätte wohl selbst der strengste Despot nichts einzuwenden.

Gegen Mitternacht wird das von Fackeln erleuchtete und von Musik erfüllte Ludwigsburg passiert; niemand kümmert sich um die Durchreisenden – das rauschende Fest des Herzogs ist auf seinem Höhepunkt. Zwischen 1 Uhr und 2 Uhr kommt man durch Enzweihingen. Schiller benötigt eine Kaffeepause. Man stationiert. Streicher berichtet, in dieser Pause habe ihm Schiller aufrührerische Gedichte des seit fünf Jahren auf dem Hohenasperg inhaftierten Christian Friedrich Schubart vorgelesen. Nach 3 Uhr ist Weiterfahrt, gegen 8 Uhr wird die württembergische Grenze passiert. Um 10 Uhr erreicht man Bretten und ist damit auf badischem Gebiet, also in Sicherheit. Beim Postmeister Pallavicini nimmt die kleine Reisegesellschaft Frühstück. Der Kutscher samt Wagen kehrt nach Stuttgart zurück; als Streicher und Schiller ihn entlohnen, wechselt bereits ein ansehnlicher Teil ihrer Barschaft den Besitzer. Weiter geht es am Nachmittag mit der gemeinen Post (die ist billiger) über Waghäusel und Schwetzingen. Dort wird genächtigt. Das Ziel am andern Morgen ist Mannheim.

Dort möchte der Flüchtling Schiller Theaterdichter werden, so jedenfalls ist sein Plan. Doch der Intendant der Mannheimer Bühne, Heribert von Dalberg, weilt als Gast des württembergischen Herzogs in Stuttgart, von wo Schiller letzte Nacht geflohen ist. Was tun? Schiller spricht mit seinem Ansinnen beim Regisseur Meyer vor. Der bekommt einen gehörigen Schrecken, als er erfährt: Der ungebetene Gast stilisiert sich zum politischen Flüchtling und will fürs Erste ausgehalten werden. Er gibt ihm den dringlichen Rat, den Fehler sogleich zu korrigieren und sich in einem Brief an seinen württembergischen Landesvater um Aussöhnung und Rückkehr zu bemühen. Schiller folgt dem Rat: Er schreibt umgehend an seinen Herzog Carl Eugen, vor dem er soeben geflohen ist.

Zu fragen bleibt: Warum flieht Schiller nach Mannheim, während sein Prinzipal Dalberg, auf den er alle Hoffnung für seine Zukunft setzt, seit Anfang des Monats in Stuttgart weilt? Warum hat er ihn dort nicht angesprochen, ihn nicht von seinen Plänen unterrichtet? Auch die Frau des Regisseurs Meyer ist seit Tagen im Württembergischen; Schiller hatte mehrfach mit ihr Umgang. Sie begleitete ihn sogar zu seinem Abschiedsbesuch bei Eltern und Geschwistern auf die Solitude, ohne dass Schiller die Gelegenheit genützt hätte, mit ihr sein heimliches Vorhaben und die zu erwartenden Aussichten zu erörtern. Wir wissen keine Antwort auf diese nahe liegenden Fragen. Alle Erklärungsversuche bleiben Spekulation. Will er vollendete Tatsachen schaffen, um Dalberg unter Druck zu setzen? Sind der eigentliche Fluchtgrund seine hohen finanziellen Schulden und will er das mit dem inszenierten Räuber-und-Gendarm-Spiel bemänteln? Oder ist es am Ende nur sein Sinn für dramatische Aufführungen, der ihn Bühne und Leben wenn schon nicht verwechseln, so doch miteinander vermischen lässt?

Als Grund für Schillers Flucht aus Württemberg wird zumeist die Verfügung des Herzogs angeführt, sein Regimentsmedikus dürfe nur noch medizinische Publikationen veröffentlichen. Tatsächlich hat Schiller mindestens zwei sehr triftige Gründe, eiligst aus Stuttgart zu verschwinden. Und sie sind anderer Natur ... Zum einen wächst mit großer Geschwindigkeit die hoch verzinste Schuldensumme, die er aufnehmen musste, um den Druck seines Schauspiels *Die Räuber,* des ersten Theaterstücks, das er der Veröffentlichung für wert befand, im Eigenverlag zu finanzieren (inzwischen stapeln sich die Bücher in seiner Wohnung, niemand will sie kaufen). Und zum anderen hat der Herzog Carl Eugen, nachdem der Kaiser die Carlsschule (die Schiller sieben Jahre lang besuchte) zur Universität erhoben hat, seine abgegangenen Medizinstudenten verpflichtet, sich auf eine nachträgliche Ablegung der Doktorprüfungen vorzubereiten. Dazu hat sich Schiller nicht aufraffen können (das einzige medizinische Buch, das der Regimentsmedikus je gekauft hat, ist ein Almanach für Apotheker, den er im Mai 1781 beim Stuttgarter Buchhändler J. B. Metzler erwirbt). Schiller trägt als Regimentsmedikus eine Feldscheruniform. Damit ist sein Stand nicht höher als der seines Vaters, der über eine simple Barbierlehre zum Feldscher (das ist die unterste Stufe des Militärarztes) geworden ist. Friedrich Schillers unabgeschlossenes Medizinstudium ist also am Ende vorwiegend vertane Zeit. Zählt auch dieser Umstand zu den verborgenen Gründen seines Davonlaufens?

Schiller hat seinen Fluchtplan nur der Mutter offenbart; der Vater war in das Unternehmen nicht eingeweiht. Dafür muss es Gründe gegeben haben. Wer ist dieser Mann, den der Sohn offenbar so sehr fürchtet? Geboren wurde er 1723 in Bittenfeld bei Waiblingen. Er nahm als Eskadronfeldscher (ein nicht durch theoretische Studien, sondern durch praktisches Üben erlerntes Fach zu medizinischer Hilfe) am Österreichischen Erbfolgekrieg teil. Am Ende des Krieges, Johann Caspar Schiller ist sechsundzwanzig Jahre alt, besucht er eine Schwester in Marbach. Das ist ein kleiner Ort, auf Kalkfelsen hoch überm Neckar gelegen und streng ummauert. Caspar wohnt in der Herberge »Zum Löwen«, von der Familie Kodweiß bewirtschaftet. Dort lernt er die sechzehnjährige Wirtstochter Elisabetha Dorothea kennen. Vier Monate später heiratet er sie. Elf Tage zuvor hat der militärische Feldscher die amtliche Prüfung als privater Wundarzt bestanden und kann sich als solcher in Marbach niederlassen. »Nun trieb ich die Wundarzneikunst bis zu Anfang des 1753. Jahres«, wird er später notieren.

Der Schwiegervater Kodweiß, Bäcker und Schankwirt, machte wohl anfangs einen wohlhabenden Eindruck auf den Eingeheirateten. Inzwischen aber ist er »durch unvorsichtige Handlungen mit Bauen und Güterkaufen« in Schwierigkeiten geraten. Die großen Erwartungen des Eingeheirateten auf eine gute Partie sind betrogen; zumal in einer Landschaft, in der Schulden als Schande gelten (auch wenn Marbach heute ein Schiller-Nationalmuseum besitzt – die Leistung in der lokalen »Kehrwoche« ist im kleinen Ort bis heute wichtiger als ein wissenschaftliches Vermögen), sieht sich der Schwiegersohn zum Handeln herausgefordert. Es kommt zu Zerwürfnissen mit Kodweiß. Um »der Schande des Zerfalls eines so beträchtlich geschienen[en] Vermögens auszuweichen«, geht der inzwischen dreißigjährige Caspar Schiller wieder zum Militär und reitet als Fähnrich und Adjutant 1757 mit den württembergischen Truppen gegen Preußen, wenn auch bloß für den geringen Sold von sechs Gulden monatlich. (Der Schwiegervater verliert schon bald allen Besitz, wird zum Bettler und bekommt schließlich von der Stadt Marbach ein Gnadenbrot als Wächter am Niklastor.) Schillers Vater ist neunundfünfzig Jahre alt, als der junge Dichter heimlich aus Stuttgart flieht. Der herzogliche Offizier steht bei seinem Herrn in einem kargen Versorgungsverhältnis – von ihm wäre kein Verständnis für die Nöte des Sohnes zu erwarten. Immerhin sind Friedrichs Schulden inzwischen auf 200 Taler angewachsen; sie übersteigen damit bereits sein Jahreseinkommen als Regimentsmedikus, das bei 180 Talern liegt.

Bleiben wir aber zunächst bei Friedrich Schillers ersten Jahren. Wie bereits erwähnt: Johann Caspar Schiller war wegen anstehendem Vermögensverlust des Schwiegervaters bereits seit Anfang 1753 aus Marbach fort und als herzoglicher Regimentsfurier (Unteroffizier für Unterkunft und Verpflegung) in den Siebenjährigen Krieg gezogen. Sein Eheleben in Marbach hat also keine vier Jahre gedauert. Anfangs bleibt seine Frau in ihrem

Heimatort Marbach zurück; 1757 kommt mit Elisabetha Christophina Friederika das erste Kind zur Welt. Am 10. November 1759 wird, gleichfalls in Marbach, Johann Christoph Friedrich Schiller geboren, den der Vater unmittelbar vorm militärischen Aufbruch zur 2. hessischen Kampagne am Main gezeugt haben muss.

Im Januar 1760 wird Johann Caspars Truppe ins Winterquartier nach Würzburg einquartiert; die Frau mit ihren zwei Kindern zieht dort mit ihm zusammen. Der kleine Friedrich Schiller behält also weder an seinen kleinen Geburtsort Marbach noch an die Begegnung mit der ersten großen und wirtschaftlich wie künstlerisch wichtigen Stadt Würzburg irgendeine Erinnerung. In den folgenden Jahren ist der gemeinsame Aufenthalt der Familie Schiller weitgehend unklar. Vermutlich versucht die Frau mit den beiden Kindern dem Mann und Vater häufig nachzuziehen, aber es gibt kaum Belege für ihre Anwesenheit in Urach, Cannstadt und Stuttgart, wo der oftmals umquartierte Vater eingesetzt war. Erst 1762 lässt sich die Familie gemeinsam in Ludwigsburg nieder; doch bereits im folgenden Jahr wird Johann Caspar nach Schwäbisch Gmünd versetzt. Da ist Friedrich Schiller drei Jahre alt.

Mit Beginn des Jahres 1764 folgt die Frau mit den Kindern nach Schwäbisch Gmünd, doch bereits nach kurzer Zeit übersiedelt die Familie in das Dorf Lorch. Bis dahin hat der Knabe kaum Möglichkeiten gehabt, durch längere Anwesenheit in irgendeinem Ort eine beständige Beziehung zu gleichaltrigen Kindern zu entwickeln. Seine Bindung ist bis dahin eine enge an die Mutter, die mit wenig Bildung, aber mit tiefem Glauben auf ihn einwirkt. Von ihr lernt er Liedtexte von Paul Gerhardt und Johann Peter Uz kennen, die noch in der Carlsschule für ihn von Bedeutung sein werden.

Ab 1765 besucht Schiller die Lorcher Dorfschule, die vom Schulmeister Schmid angeblich mit großer Nachlässigkeit betrieben werden soll. Beim Prediger Moser darf er, gemeinsam mit dessen Sohn Christoph Ferdinand, freiwilligen Lateinunterricht nehmen.

Im folgenden Jahr kommt die zweite Tochter des Johann Caspar, Louise Dorothea Katharine, zur Welt. Bald darf Friedrich Schiller bei Prediger Philipp Ulrich Moser auch Griechisch mithören. Wahrscheinlich besucht er von da an die Dorfschule nicht mehr. Johann Caspar geht Ende des Jahres in die Ludwigsburger Garnison zurück. Die erste Wohnung der Familie liegt beim Leibchirurgen Reichenbach, die zweite (gemeinsam mit der Familie von Hoven) beim Hofbuchdrucker Christian Friedrich Cotta. Ab Anfang 1767 besucht Schiller, gemeinsam mit dem gleichaltrigen Friedrich Wilhelm von Hoven, die Ludwigsburger Lateinschule.

Friedrichs Vater, inzwischen zum Herzoglichen Hauptmann avanciert, legt in diesem Sommer eine mächtige Ludwigsburger Baumschule an, von der aus er später 4000 Obstbäume in die Solitude verpflanzen wird. Im gleichen Jahr beginnt er auch mit der Publikation einer umfänglichen Pflanzheft-Reihe *Betrachtungen über Landwirtschaft-liche Dinge.* Zwei Jahre später wird er die zusammen-gefassten Hefte als *Oekonomische Beyträge zur Beförderung des bürgerlichen Wohlstandes* bezeichnen.

1768 ist Schillers Schwester Maria Charlotte zur Welt gekommen. Im Herbst 1769 besteht Schiller sein erstes Landesexamen in der zweiten Klasse; das Bestehen der jährlichen Landesexamen ist unabdingbare Vorausset-zung, um später in Tübingen Theologie studieren zu können, wie es zu dieser Zeit schon Schillers Wunsch ist. Danach kommen Hebräisch- und Griechischunter-richt in seinen Lehrplan. Im Lateinunterricht liest Schil-ler antike Literatur von Vergil und Horaz, später auch von Ovid. Im folgenden Jahr besteht er sein zweites Landesexamen in Stuttgart.

Ab 1772 nehmen seine schulischen Leistungen je-doch erstaunlich ab.

»Bist du närrisch geworden, Fritz?« So schimpft, wie Schiller überliefert, sein Vater. Die Mutter gemahnt ihn der schulischen Verantwortung – offenbar beide ohne größeren Erfolg. Schiller, er ist vierzehnjährig, beginnt heimlich mit ersten dramatischen Versuchen nach zeit-genössischen Vorbildern, die er aber bald wieder ver-nichtet.

Das vierte Landesexamen in Stuttgart schließt er im Herbst des gleichen Jahres mit wenig gutem Zeugnis ab. Er zählt zu den schlechtesten unter seinen Mitschülern. Am Jahresende beugt sich sein Vater der herzoglichen

Aufforderung, seinen Sohn der 1771 gegründeten »Militär-Pflanzschule«, der so genannten Carlsschule, zu übereignen. Bis heute dominiert die Auffassung, Schiller habe von Anfang an unter dieser Entscheidung heftig gelitten. Bei von Hoven aber heißt es: »So lebten wir in der innigsten Verbindung zusammen bis zu meiner Aufnahme in die militärische Pflanzschule auf der Solitude. Aber ehe zwei Jahre verflossen waren, trat auch Schiller als Zögling in die Pflanzschule, und man kann sich denken, wie glücklich es uns machte, uns wieder miteinander vereint zu sehen.«

Viele Interpreten von Friedrich Schillers nachlassenden Leistungen auf der Carlsschule sehen als Grund dafür, dass der junge Schiller doch eigentlich Theologie studieren wollte. Dass es in jener Schulrichtung bei ihm ein ähnliches Nachlassen gab wie bereits in den Jahren zuvor, wird dabei häufig vernachlässigt. Vielleicht sollte man, wenigstens bei diesem Thema, den Erinnerungen des eng befreundeten Wilhelm von Hoven doch mehr trauen als den banal-antifeudalen Darstellungen, die sich im letzten Halbjahrhundert zahlreich durchgesetzt haben.

Von Hoven schreibt: »Die Ursache war natürlich seine Kränklichkeit. Wer ihn nicht näher kannte, hat es für Stolz gehalten. Aber Schiller war nicht stolz, er hatte nur das äußere Ansehen des Stolzes, was ihm seine lange Figur und seine aufrechte, etwas steife Haltung gaben. Dieses Ansehen hatte er schon als Zögling der Akademie, und ich erinnere mich noch wohl, dass einst eine Frau, welche dort ihren Sohn besuchte, wie sie Schillern den Schlafsaal hinunterschreiten sah, sagte: ›Sieh doch, der dort bildet sich wohl mehr ein als der Herzog von Württtenberg.‹ Ebenso wenig gegründet als der Vorwurf des Stolzes war auch die so oft gehörte Sage, dass Schiller sich durch Opium begeistert habe. Er konnte geistige Getränke in keinem großen Maße vertragen, und jene Sage kommt bloß daher, dass er meistens nachts arbeitete, was er nicht getan haben würde, wenn seine Brustkrämpfe ihm nicht bei Nacht mehr Ruhe gelassen hätten als bei Tage.«

II.

»gnädigster Herzog«
Der Landesvater Carl Eugen
gründet eine militärische Pflanzschule

Der württembergische Herzog Carl Eugen gilt bis heute
vor allem als unberechenbarer Despot, der willkürlich
und destruktiv in Schillers Leben eingegriffen habe. Aber
das trifft nicht die ganze Wirklichkeit dieser schillernden,
widerspruchsreichen Persönlichkeit. Viele seiner Handlungen und Verhaltensweisen sind bloß aus seiner kom-
plizierten Biographie und aus den besonderen Verhältnissen in seinem Duodezfürstentum heraus zu erklären.

Sein Vater Carl Alexander stammte aus einer Winnen-
taler Seitenlinie des Hauses Württemberg, wurde jedoch
schnell in der österreichischen Welt heimisch: Er war
Günstling des Kaisers Karl VI., wurde zum Feldmar-
schall ernannt und zum kaiserlichen Statthalter. Carl
Alexander konvertierte zum katholischen Glauben. Von
ihm befürchteten die württembergischen Landstände,
also die Vertretung des Adels, des Klerus und der Städte
gegenüber dem regierenden Landesfürsten, zeitlebens
eine Rekatholisierung des protestantischen Landes. Und
sie wehrten sich dagegen.

Diese »Landstände« nämlich sind nicht ohne Einfluss:
Seit dem Tübinger Vertrag von 1514 ist die Stellung des

Landesherrn durch eine Verfassung geregelt. Jeder Herzog hat diesen Vertrag, mit dem er sich an »Rat, Wissen und Willen« der Landstände bindet, zu beschwören. Erst dann ist ihm das Land zu Gehorsam verpflichtet. Die »Landschaft« (Organisation der Landstände) ist die gesetzliche Vertretung der Untertanen gegenüber dem Herzog. Sie besteht aus dem mit fürstlicher Genehmigung zusammengetretenen Landtag, dem »landschaftlich engeren Ausschuss« und dem »größeren Ausschuss«. Die politische Führung liegt beim »engeren Ausschuss«. Mit dessen Einspruch, vor allen in Finanzfragen, hat der Herzog ständig zu rechnen, denn das wichtige Recht der Steuerbewilligung liegt bei der »Landschaft«. Die vertritt aber in Wirklichkeit nicht das Volk, sondern die Interessen der »Ehrbarkeit« (und die besteht aus alteingesessenen Familien, die ständig alle wichtigen Stellen im Staat besetzen). Der Tübinger Vertrag wurde nämlich zwischen dem Herzog und dem »ehrbaren Bürgerstand« abgeschlossen. Das »gute alte Recht« gilt in Württemberg offiziell als Garant der allgemeinen Zufriedenheit – hinter dieser Fassade tobt jedoch ein ständiges Tauziehen zwischen »Landschaft« und Hof.

Carl Alexanders Sohn Carl Eugen wird 1728 in Brüssel geboren. Mit neun Jahren lässt ihn der Vater auf Bitten der Landstände nach Stuttgart kommen – der künftige Regent soll im »Ländle« aufwachsen: zur landständegemäßen Erziehung. Bereits ein Jahr später stirbt überraschend der Vater. Die Landstände bestreiten umgehend die Verfassungsmäßigkeit von Carl Alexanders Testament, nach dem die Witwe Maria Augusta, geborene Prinzessin von Thurn und Taxis, die Vormundschaft über die Söhne und die zwischenzeitliche Regentschaft erhalten sollte. Sie setzen den evangelischen Prinzen Carl Friedrich von Württemberg-Oels als Administrator ein. Nach zwei Jahren bestätigt der Kaiser diesen Zustand, der damit rechtskräftig wird. Während des Österreichischen Erbfolgekrieges wird der Knabe Carl Eugen mit seinen beiden Brüdern auf die Landesfesten Hohenasperg und Hohentwiel verbracht. Als diese keinen hinlänglichen Schutz mehr gewährleisten, kommen die Prinzen 1741 an den Hof Friedrichs des Großen, König von Preußen, nach Berlin.

Während der Reise dorthin lernt der knapp vierzehnjährige Carl Eugen am markgräflichen Hof von Bayreuth die neunjährige Prinzessin Elisabeth Friederike kennen. Als »sicherlich das schönste Kind Europas« hat der französische Aufklärungsphilosoph Voltaire sie bezeichnet. Carl Eugen will sie heiraten. Seine verwitwete Mutter Maria Augusta holt die Zustimmung dafür bei der Mutter der Bayreuther Markgräfin und bei Friedrich dem Großen ein. Wegen der württembergischen Landstände ist sie daran interessiert, eine protestantische Herzogin ins Land zu holen.

Nach zwei Jahren Aufenthalt in Berlin wird Carl Eugen durch Kaiser Karl VII. vorzeitig für mündig erklärt. Zuvor hat ihm Friedrich der Große noch einen Verhaltenskodex für aufgeklärte Duodezfürsten in die Feder diktiert. Auf der Rückreise nach Stuttgart wird der inzwischen sechzehnjährige Carl Eugen der elfjährigen Elisabeth Friederike verlobt.

Das kleine Land, in das Carl Eugen nun als Regent einzieht, ist nur äußerst mühsam regierbar. Nirgends sonst sind die Rechte der Landstände derart weitgehend wie in Württemberg – das ist durch den bereits erwähnten Tübinger Vertrag von 1514 geregelt. Die Erhebung von Steuern ist Sache der Landstände; der Herzog ist also finanziell von ihnen abhängig. Um aus dieser Notlage zu entkommen, schließt Carl Eugen 1752 einen Unterstützungsvertrag mit Frankreich, in dem er sich verpflichtet, im Kriegsfall 6000 Soldaten für Frankreich zu stellen. Dafür erhält er im Voraus 600 000 Gulden. Um zu verstehen, was 6000 Soldaten für das kleine Land bedeuten, muss man wissen, dass Württemberg eine eigene Heerestruppe von nur 2000 Mann unterhält und zur Reichsarmee auch nur ein Kontingent von 2000 Mann beizutragen vermag. Denn der Herzog regiert ein Land, das um die Mitte des 18. Jahrhunderts nur gut 500 000 Einwohner zählt. Carl Eugen mag gehofft haben, dass er diesen Vertrag mit den Franzosen nie einlösen müsse. Doch bereits 1756 wird mit Ausbruch des Siebenjährigen Krieges der Unterstützungsvertrag fällig. Großenteils gewaltsam muss Carl Eugen 6000 junge Männer ausheben lassen; das zieht ihm den Zorn der unteren Bevölkerungsschichten zu, die vorwiegend davon betroffen sind.

1748 hat Carl Eugen seine Verlobte Elisabeth Friederike Sophie von Brandenburg-Bayreuth geheiratet. Die

Ehe wird unglücklich. Nach acht Jahren flieht Elisabeth Friederike nach Bayreuth und weigert sich, noch einmal an die Seite ihres Gatten zurückzukehren. Carl Eugen macht schließlich die zwanzig Jahre jüngere Franziska von Hohenheim zu seiner Mätresse, das heißt zu seiner offiziellen Geliebten.

Immer wieder gerät der Herzog in Konflikt mit den Landständen. Ende 1763 beruft er den ersten Landtag ein. Als dieser sich weigert, einer Vergrößerung des stehenden Heeres zuzustimmen, löst der Herzog den Landtag wieder auf. Als die Stadt Stuttgart die Zahlung einer widerrechtlich erhobenen »Monatssteuer« ablehnt, verlegt Carl Eugen kurzerhand seine Residenz nach Ludwigsburg. Die Landstände beschweren sich beim Kaiser; schließlich erfolgt eine Klage beim Reichshofrat wegen fortgesetzten Verfassungsbruches. Inmitten der Verhandlungen und Untersuchungen zieht sich Carl Eugen für ein halbes Jahr nach Venedig zurück. 1770 ergeht das Urteil des Reichshofrates: Die Klagepunkte der Landstände werden in allen Punkten für gültig erklärt.

Noch einmal schließt Carl Eugen, um seine Finanzen aufzubessern, einen so genannten Subsidienvertrag: Geld gegen Soldaten – diesmal für die Ostindische Kompagnie. So kommt es schließlich zum berüchtigten »Kapkontingent« (noch 1786 werden an die Holländer verkaufte Soldaten aus Württemberg in Afrika am Kap der Guten Hoffnung eingesetzt). Insgesamt aber vermag Franziska von Hohenheim die Willkür des Herzogs zu dämpfen und seine Unternehmungen in geordnetere Bahnen zu lenken.

1770 hat der katholische Landesvater in der Ludwigsburger Solitude eine »militärische Pflanzschule« gegründet. Dort will er die künftige Elite seines Landes nach seinen Vorstellungen ausbilden lassen, um den oppositionellen Einfluss der Landstände auf Dauer zurückzudrängen. Die Schülerschaft rekrutiert er vorwiegend aus den Söhnen seiner Beamten und Offiziere. Er hat eine landesweite Talentsuche angeordnet; aus Ludwigsburg wird ihm die Begabung des jungen Schiller vermeldet. 1773 muss Friedrich, der sich eigentlich nach sechsjährigem Lateinunterricht als Stipendiat einer Klosterschule auf das Theologiestudium am Tübinger Stift vorbereiten wollte, in die »militärische Pflanzschule« eintreten (seine Eltern haben nach einigem Zögern den nötigen Revers, mit dem sie alle Verfügungsrechte über ihren Sohn an das Institut übertragen, unterzeichnet). Schiller hat diesen gewaltsamen Eingriff in seine Berufsplanung, so heißt es, nie ganz verwunden. Ob es später Gründe gibt, diese Haltung zu betonen, davon wird noch zu reden sein.

Sein Freund aus Kinder- und Jugendjahren, Wilhelm von Hoven, schreibt in den späten Erinnerungen an die gemeinsame Zeit: »Anfangs war, wie schon bemerkt, die Anstalt nicht mehr, als was ihr Name besagte, eine militärische Pflanzschule zur Erziehung und Unterweisung armer und verwaister Kinder, besonders Soldatenkinder. Aber bald erweiterte sich der Plan, es wurden auch Söhne von

Offizieren aufgenommen, und wie anfangs bloß im Lesen, Schreiben, Rechnen, Zeichnen etc. Unterricht erteilt wurde, so wurde jetzt auch Latein, Geometrie, Geographie, Geschichte etc. gelehrt. Allein auch dabei blieb der Herzog nicht stehen. Die militärische Pflanzschule sollte auch eine Vorbereitungsschule für Studierende, ein *militärisches Gymnasium* werden, in welchem wie in andern Gymnasien alles gelehrt werden sollte, was zur Vorbereitung auf die Universität erforderlich ist. Zu einem solchen militärischen Gymnasium war die militärische Pflanzschule schon vor ihrer Versetzung nach Stuttgart geworden; aber bald wurde auch das Gymnasium erweitert, es sollte über mehrere wissenschaftliche Gegenstände Unterricht erteilt werden, es wurden daher mehrere Lehrer angestellt, und da in ebendem Verhältnis, in welchem sich die Anstalt selbst erweiterte, auch der Zudrang zu derselben größer wurde, indem jetzt auch von den angesehensten Familien die Aufnahme ihrer Söhne nachgesucht wurde, so nahm auch der Herzog daher Anlaß, die Anstalt immer mehr ins Große zu treiben. Aus dem Gymnasium sollte eine *Akademie* werden, auf welcher wie auf den Universitäten Unterricht in den höhern Wissenschaften gegeben werden sollte, bloß die Theologie und Medizin ausgenommen. Allein bald wurde auch die Medizin in den Kreis gezogen, und es wurden sofort fünf Fakultäten angeordnet, eine juridische, eine kameralistische, eine medizinische, eine militärische und eine philosophische. Für jede Fakultät wurden nach den Verzweigungen der Wissenschaft mehrere Lehrer angestellt, die Lehrer hielten ihre Vorlesungen wie die Lehrer auf den Universitäten, und wenn die Akademie schon deswegen den Namen einer Universität verdiente, so verdiente sie diesen Namen noch weit mehr, indem sie nicht nur zugleich ein Gymnasium für diejenigen Zöglinge, die sich zu den höhern Studien vorbereiteten, sowie auch eine Trivialschule für jüngere Kinder, denn schon Kinder von sechs und sieben Jahren wurden in die Akademie aufgenommen, blieb, sondern auch eine Schule für Künstler, Musiker, Maler, Bildhauer und Kupferstecher war. So erhielt die Anstalt zuletzt einen Umfang, wie ihn zuvor nie eine Erziehungs- und Unterrichtsanstalt gehabt hat und vielleicht nie eine mehr haben wird.«

Die durchaus widersprüchlichen Urteile über die Qualität der Carlsschule (diesen Namen erhielt sie erst 1781 durch Kaiser Joseph II.) kommen aus den subjektiven Erfahrungen mit ihr. Bei Schiller spielen schon bald die Urteile der Lehrer über ihn eine wichtige Rolle: »Gaben: Sind mittelmäßig – Aufführung: Gleichgültig – Fleiß: Seinen Kräften angemessen.« Auf diese Situation stellt Schiller sich ein, als er dem Herzog eine Selbstdarstellung zu schreiben hat: *Es ist Ihnen schon bekannt, gnädigster Herzog, mit wie viel Munterkeit ich die Wissenschaft der Rechte angenommen habe, es ist Ihnen bekannt, wie glücklich ich mich schätzen würde, wann ich durch dieselbe meinem Fürsten, meinem Vaterland dereinsten dienen könnte, aber weitaus glücklicher würde ich mich halten, wann ich solches als Gottesgelehrter ausführen könnte* […].

38

III.

»wir wollen ein Buch machen«
Regimentsmedikus und Räuberhauptmann

Die Dokumente, die etwas über Schillers Kindheit und Jugend aussagen, sind äußerst karg. Wir wissen nicht genau, wie es wirklich gewesen ist. Wir werden es nie wissen. Denn auch dann, wenn wir wissen, *was* von ihm selbst oder von Zeitzeugen darüber gesagt wurde, so wissen wir nicht, *warum* es gesagt wurde. Was wir tun können, ist: die Geschichte erzählen, die uns aus dem wenigen Bekanntgewordenen entsteht. Diese Geschichte muss zwei Bedingungen erfüllen: Sie darf nicht mit den wenigen Fakten, die bekannt sind, aneinander geraten. Und sie muss in sich schlüssig sein. Das ist noch nicht viel, aber es ist allen anderen Möglichkeiten und vor allem der willkürlichen Erfindung vorzuziehen.

Andere haben sich in Spekulationen versucht: Manche haben ihm ein leidenschaftliches Liebesverhältnis mit seiner Stuttgarter Zimmerwirtin angedichtet, haben ungeniert Kumpane zuschauen lassen, wenn er mit ihr schlief und dabei Tabak schnupfte. Andere haben behauptet, er habe in Schwaben nie ein Mädchen gehabt und stattdessen mit seinem Freund Georg Friedrich Scharffenstein eine homosexuelle Beziehung unterhalten. Erfindungen, für die uns die Belege fehlen. Wir müssen uns ans Nachgewiesene halten.

Im ersten Jahr des Jura-Studiums ist Schiller eifrig und wird am Ende von den Lehrern belobigt (seine besten Leistungen sollen im Griechischen und im Lateinischen liegen; gänzlich unfähig soll er im Reitunterricht, in Fecht- und Tanzstunden sein). Als sein schlimmster Mangel gilt immer seine mangelhafte Reinlichkeit. Die Lehrer nennen ihn allgemein *Schweinepels*. Im zweiten Jahr lässt auch seine geistige Leistung nach (nun gilt er als Siebter unter elf Schülern). Im dritten Jahr ist er allgemein der Schlechteste seiner Klasse.

Mit der Übersiedlung der Akademie von der Solitude nach Stuttgart im Jahre 1775 richtet der Herzog als zusätzliche Fakultät die medizinische ein. Schiller wird vorgeschlagen, das für ihn erfolglose Jura-Studium aufzugeben und in die neue Ausbildungsmöglichkeit umzusteigen. Er willigt ein und spürt schon bald, dass ihm auf der neuen Fakultät mehr Spielraum und Freiheit verfügbar sind. Er nutzt diese Umstände für eigene Dichtungsversuche.

Schiller arbeitet vor allem spätnachts und, zumindest nach Darstellungen seiner Kommilitonen, in effektvollen Rauschzuständen. Viele von ihnen halten ihn damals für opiumsüchtig. Wilhelm von Hoven ist der Einzige, der diese Ansicht der Zeugen etliche Jahre später als Arzt widerruft.

Von Hoven ist es auch, der die Entstehung von Schillers dramatischen Absichten (für die keine hinlänglichen

Vorkenntnisse vorhanden waren) in freundlichstem Lichte zu schildern bemüht ist.

Er schreibt: »Schiller [...], dessen großes Muster Shakespeare und weiterhin Goethe in seinem *Götz von Berlichingen* war, übte sich vorzüglich im Dramatischen, schrieb nach mehreren vorhergegangenen andern Versuchen seine *Räuber*, wozu ihm den Stoff eine in dem oben erwähnten *Schwäbischen Magazin* befindliche Erzählung gab, und ehe er die Akademie verließ, hatte er das Stück größtenteils vollendet. Daß er diesen Stoff wählte, war eigentlich ich die Ursache. Ich hatte ihn auf die Erzählung als ein zu einem Drama trefflich geeignetes Sujet aufmerksam gemacht, und meine Idee war darzustellen, wie das Schicksal zur Erreichung guter Zwecke auch auf den schlimmsten Weg führe, Schiller aber machte die Räuber zum Hauptgegenstand oder, um mich seiner eigenen Worte zu bedienen, zur Parole des Stücks, was ihm bekanntlich von vielen Seiten her übel genommen worden und was ihm auch selbst in der Folge Leid getan zu haben scheint.

Indessen waren wir beide nicht die einzigen Zöglinge in der Akademie, welche sich in dichterischen Versuchen übten, es schlossen sich an uns noch einige andere an, zuerst Petersen, nachmals Bibliothekar in Stuttgart, Verfasser der mit Beifall aufgenommenen *Geschichte der Nationalneigung der Deutschen zum Trunk,* der *Literatur der Staatslehre* unter dem Namen Placidus und einer prosaischen Übersetzung Ossians, der vorzüglich im Epischen übte und zuletzt sich an ein größeres episches Gedicht *Konradin von Schwaben* wagte, welches aber, obschon größtenteils fertig, nie öffentlich bekannt wurde – dann Haug, nachmaliger herzoglicher Kabinettssekretär, dessen Epigramme schon damals den künftigen ausgezeichneten Epigrammatisten verrieten – endlich Schubart, nachmaliger preußischer Legationssekretär, der Sohn des als Dichter und Staatsgefangener auf der Festung Hohen-Aschberg berühmten Schubarts. Er hatte sich vorzüglich in metrischen Erzählungen geübt, und ohne Zweifel würde er etwas Bedeutendes in diesem Fach geleistet haben, wenn er nicht zu frühe gestorben wäre.

Da der Herzog kein Freund der Dichtkunst war, sondern allein einen Wert auf andere Künste und auf wissenschaftliche Studien legte, so mußten wir natürlich unser dichterisches Treiben geheimhalten. Wir dichteten also im stillen, arbeiteten jeder in dem gewählten Fach, sooft wir Zeit und Gelegenheit dazu fanden, teilten unsere Arbeiten uns gegenseitig mit, kritisierten sie gegenseitig, tadelten und lobten einander, natürlich das letzte mehr als das erste.«

Von Hovens Aufzählung der Schillerschen Freunde in der Akademie ist unvollständig. Der über die frühen Jahre in der »Pflanzschule« gewiss intensivste Partner war der aus Mömpelgard (das damals zu den württembergischen Splittergebieten zählte und heute das französische Montbéliard ist) stammende Georg Friedrich

Scharffenstein. Es war Schillers erste intime, aber auch höchst verletzliche Liebe. Der Mömpelgarder war reifer und gebildeter als Schiller, der von dem Franzosen jedoch wegen seines kindlichen Feuers, seiner frühen Leidenschaften geschätzt wurde. Es gibt immer wieder Interpretationen, diese Beziehung sei Schillers erste homoerotische Liebe gewesen. Dafür lässt sich kein Beleg finden. Was aber nachweislich ist: Sie animieren sich, zeitgleich ähnliche Texte zu schreiben, die von ihrer jüngsten Lektüre animiert sind.

Scharffenstein stammt aus guten Mömpelgarder Verhältnissen; er kommt ohne Deutschkenntnisse, aber mit erstaunlich guter literarischer Bildung nach Schwaben. Seine mangelnden Sprachkenntnisse holt er in erstaunlicher Geschwindigkeit nach. Und er vermag Schillers poetische Texte an den Leistungen ihrer augenblicklichen Vorbilder zu messen. Als die beiden sich trennen, schreibt Schiller einen pathetischen Abschiedsbrief. Er enthält als letzten Rest ihrer Liebesdichtung vier Verszeilen:

Sangir liebte seinen Selim zärtlich
wie du mich mein Scharffenstein
Selim liebte seinen Sangir zärtlich
wie ich dich mein Scharffenstein.

Schillers tiefster Vorwurf an Scharffenstein richtet sich gegen dessen kritischen und spöttischen Umgang mit seinen poetischen Versuchen. Seine Verletzung ist so tief und anhaltend, dass er in den folgenden Jahren kein Wort mehr mit Scharffenstein wechseln wird (erst nach dem Ende ihrer Akademiezeit versöhnen sich die beiden wieder). Dies könnte auch der Grund sein, weshalb von Hoven, der bald nach Schillers Trennung von Scharffenstein zum literarischen Partner und Vermittler seines schwäbischen Landsmannes wird, in seiner Biographie den Franzosen nicht mehr erwähnt.

Schillers liebster und anspruchsvoll-modernster Dozent wird der neu engagierte Abel. Der philosophische Lehrer mit den Vornamen Jakob Friedrich ist 1751 geboren, also nur acht Jahre älter als sein Schüler Schiller. Er hat seine Studenten mit Shakespeares *Othello* vertraut gemacht. Aber wichtiger bleiben für Schiller die aktuellen deutschen Dramatiker: Goethe mit seinem Geschichtsdrama *Götz von Berlichingen* (daneben freilich auch mit dem Briefroman *Die Leiden des jungen Werther*), Lessing mit *Emilia Galotti*, das 1776 in Leipzig erschienene Sturm-und-Drang-Drama von Johann Anton Leisewitz *Julius von Tarent* und vor allem Friedrich Maximilian Klingers Dramen mit ihrer neuen, offeneren Struktur und ihrer Auflehnung gegen die sittliche Verkommenheit an den Höfen. In dieser Zeit entwickelt sich Schillers Haltung von eingeübter Unterwürfigkeit gegenüber dem Herzog Carl Eugen zu scharfer Ablehnung gegenüber der moralischen und politischen Gewissenlosigkeit an den feudalistischen Höfen. Scharffenstein wird später berichten, Schiller habe damals formuliert: »Wir wollen ein Buch machen, das aber durch den Schinder absolut verbrannt werden muß.« Die wenigen Berichte über Schillers Absichten in dieser Zeit widersprechen sich deutlich.

Von Hovens späte Schilderung auch über die *Räuber* ist tatsächlich mehr als unvollständig. Dieses Stück ist nicht Schillers erster dramatischer Versuch. Mindestens drei, vielleicht sogar vier dramatische Versuche sind in den Jahren zuvor entstanden, die Schiller am Ende als unzulänglich empfand und vernichtete.

Der Autor arbeitet auf der Militärakademie etwa seit 1777 an den *Räubern*. Im Jahre 1780, als von Hoven bereits sein Medizinstudium abschließt, verstärkt Schiller diese dramatische Arbeit und schließt im folgenden Jahr die erste Stückfassung ab. Er hofft zunächst auf eine auswärtige Ausgabe: vergeblich; als Begründung führt er an, dass er in Stuttgart bedeutender Mediziner und Philosoph werden und seinen guten Ruf nicht durch dieses kleine dramatische Werk lädieren lassen möchte (der ehemalige Akademie-Freund und jetzige Bibliothekar Petersen müht sich um einen Auswärtsdruck in Mannheim, vergeblich). Daraufhin gibt Schiller, durch von Hoven vermittelt, nun doch umgehend die Zweitfassung in Stuttgart im Selbstverlag heraus (dafür muss er 150 Gulden Kredit aufnehmen, vermittelt durch die Korporalsfrau Fricke). Das ist Anfang 1781. Mitten in der Drucklegung erreicht ihn auswärtige Kritik (so etwa vom Verleger Schwan in Mannheim) und es kommen ihm eigene Zweifel; eilig schreibt er, unter anderem nach harter Diskussion mit seinem Lieblingslehrer Abel, eine radikal überarbeitete Neufassung, die Ostern 1781 in 800 Exemplaren erscheint.

Der Verleger Schwan stellt diese Fassung dem Mannheimer Intendanten Dalberg vor, der nunmehr Interesse an einer Aufführung zeigt und von Schiller eine Bühnenbearbeitung erbittet. Schiller ist zwar gekränkt durch die rigorosen Änderungswünsche des Intendanten, aber zugleich bereit, alles zu tun, um seinen Text endlich zur Uraufführung zu bringen. Er unterzeichnet seinen Antwortbrief mit »Dr. Schiller« – das ist nun freilich eine Hochstapelei. Erst seine gründliche Nochmalumwälzung und die Verlagerung des Textes ins 15. Jahrhundert führen zum Mannheimer Aufführungsentschluss.

Die Uraufführung findet im Januar des Jahres 1782 statt. Auf dem Theaterzettel steht: »Sonntags den 13. Jänner 1782 wird auf der hiesigen Nationalbühne aufgeführt DIE RÄUBER. Ein Trauerspiel in sieben Handlungen; für die Mannheimer Nationalbühne vom Verfasser Herrn Schiller neu bearbeitet.«

Die Aufführung in Mannheim verläuft zwei Akte lang ohne hörbare Anteilnahme des Publikums; dann, in der zweiten Szene des dritten Aktes, als der Räuberhauptmann im väterlichen Schloss als Rächer auftaucht, setzt die lautstarke Teilnahme des Publikums ein. Friedrich Burschell wird schreiben: »Trotz der lächerlichen

46

Ritterkostüme, trotz aller Striche und Abschwächungen hatte das Stück mit der Leidenschaft seiner Rebellion gegen eine morsch gewordene Welt und die Heuchelei überalterter Konventionen sieben Jahre vor der Französischen Revolution ein deutsches Publikum hingerissen.« Schiller erhält am nächsten Tag durch die Theaterkasse 44 Carolin Reiseunkosten vergütet.

Die Erzählung im *Schwäbischen Magazin*, die von Hoven zuerst las und die Schiller angeblich den Stoff für die *Räuber* gegeben hat, vermittelt die Geschichte von zwei ungleichen und verfeindeten Brüdern und einem reichen Vater, der vom sündhaften Sohn zum Opfer gemacht wird. Schillers spätere Hinwendung zu edlen Räubern, die er einer korrupten Gesellschaft gegenüberstellt, geht mit großer Wahrscheinlichkeit auf sein Wissen um tatsächliche Ereignisse zurück. Wenige Jahre zuvor, im Jahre 1773, war die große Räuberbande des Krummfinger-Balthasar ausgehoben worden, die in Spitzenzeiten mehrere tausend Mitglieder gehabt haben soll und deren Wirkungskreis zeitweise vom deutschen Süden bis zum Böhmerwald gereicht hat.

ZUM INHALT DES STÜCKES: Franz und Karl, die beiden Söhne des alten Grafen Moor, stehen einander verfeindet gegenüber. Franz hetzt den Vater mit gefälschten Briefen gegen Karl auf. Der Vater verstößt und enterbt seinen Erstgeborenen. Als Karl davon erfährt, beschließt er, mit einigen rebellisch gesinnten Studenten eine Räuberbande zu gründen und deren Hauptmann zu sein. Doch während es ihm dabei um republikanischen Protest gegen die feudale Ordnung geht, ist ein Teil seiner Bande vor allem an Plünderung, Brandstiftung und Mord interessiert.

Inzwischen fädelt Franz im väterlichen Schloss eine neue Intrige ein, um Karl auch bei seiner Verlobten Amalia in schlechtes Licht zu rücken. Doch Amalia liebt Karl und glaubt an ihn, sie lässt Franz abblitzen.

Franz will nun seinen Vater loswerden, um selbst die Regentschaft zu übernehmen. Er verbreitet die falsche Nachricht, Karl sei tot. Als dieser gezielte Schock seinen Vater nicht umbringt, lässt er den alten Moor in einen verlassenen Turm im Wald sperren und für tot erklären. Nun kann er selbst den Thron besteigen.

Karl zieht es mit seiner Bande in die fränkische Heimat. Dort erfährt er von den Intrigen und Verbrechen seines Bruders. Als die Räuber das Schloss belagern und in Brand stecken, gerät Franz in Panik und erhängt sich.

Karl befreit seinen Vater aus dem Turm, doch als er sich als Hauptmann von Räubern und Mördern zu erkennen gibt, stirbt der alte Moor. Karl will nun Schluss machen mit der Bande und an der Seite Amalias ein neues Leben beginnen. Dies scheitert am Protest der Räuber, die ihn an den Treueschwur »bis an den Tod« erinnern. Amalia bittet ihn um ihren Tod, weil sie ihn nun ein zweites Mal verlieren soll. Karl tötet sie mit eigener Hand. Dann stellt er sich der Justiz.

Schillers *Räuber* sind letztlich ein später Höhepunkt, ein effektvolles Aufblühen der vergehenden deutschen Sturm-und-Drang-Bewegung (Goethes *Götz von Berli-*

chingen hat Schiller bereits früher zu dieser Grundhaltung animiert: Seitdem gilt ihm das Subjektive der leidenschaftlichen Helden als Chance gegen Fürstenwillkür; selbst in *Kabale und Liebe* und in *Don Carlos* wird er diese Hoffnung, die sich im restlichen Land längst verbraucht hat, noch einmal wiederholen). Das Anliegen des *Räuber*-Textes schwankt zwischen revoluzzerhaftem Aufbegehren des Karl Moor gegen Ungerechtigkeit und Unfreiheit und der Hoffnung auf göttliches Eingreifen gegen menschliche Laster und Verbrechen. Wilhelm von Hoven berichtet nach der Wiederbegegnung in den frühen neunziger Jahren, dass sich Schiller inzwischen auffallend weit von dem eigenen *Räuber*-Drama distanziert habe: »Von seinen *Räubern* und überhaupt von seinen ältern dramatischen Produktionen hörte er nicht gern sprechen, ja es schien mir öfters, als wünschte er, daß sie nicht gedruckt wären. Von Goethes Iphigenie äußerte er eines Tages auf einem Spaziergang, daß dies das einzige deutsche dramatische Produkt sei, welches er beneide, weil er fühle, daß er kein ähnliches hervorbringen könne.«

Schiller hatte bereits in sehr früher Phase seiner Arbeit an den *Räubern* geschrieben: *Ich schreibe einen dramatischen Roman, und kein theatralisches Drama.* Und später steht in der Vorrede zur Neufassung des Stücks: *Man nehme dieses Schauspiel für nichts anders', als eine dramatische Geschichte, die die Vortheile der dramatischen Methode, die Seele gleichsam bei ihren geheimsten Operationen zu ertappen, benutzt, ohne sich übrigens in die Schranken eines Thea-*

terstüks einzuzäunen, oder nach dem so zweifelhaften Gewinn bei theatralischer Verkörperung zu geizen.

Die extrem unterschiedliche Haltung gegenüber den *Räubern* lässt sich bis in die moderne Rezeption verfolgen: Ein Teil der Interpreten liest das Stück als revolutionäres Aufbegehren gegen alle unzulänglichen Gesellschaften in unserer Geschichte (also selbst gegen unsere gegenwärtige), andere sehen darin eine Art Theodizee, also Schillers Vertrauen in die göttliche Allmacht in Bezug auf menschliche Unzulänglichkeit. Selbst Schillers später so wichtiger Freund Goethe hat die *Räuber* immer grundlegend abgelehnt.

Unter den erfolgreichen Mitstudenten Schillers ist der junge Ludwig Schubart, von dem von Hoven in seiner Biographie berichtet, in Wahrheit der Sohn einer der großen tragischen Figuren in Württemberg. Auch vom Vater schreibt von Hoven überaus zurückhaltend: »Dieser war damals Organist an der Stadtkirche zu Ludwigsburg, und weil er die Orgel gut spielte, so spielte er auch nach dem Gottesdienste öfters noch fort, aber gewöhnlich keine geistliche, sondern sogenannte weltliche Lieder.« Um Schiller zu warnen, erlaubt ihm der Herzog Carl Eugen tatsächlich, den Eingekerkerten auf dem Hohenasperg zu besuchen. Schiller wird von dieser Begegnung tief erschüttert. Noch seine auf die *Räuber* folgenden Stücke, zumindest *Die Verschwörung des Fiesko zu Genua,* werden sich davon beeinflusst zeigen.

Wie ist die Geschichte des alten Schubart, die von Hoven ziemlich arglos beschreibt, in Wahrheit verlaufen?

Schon 1773 war der Dichter, Journalist und Organist Christian Friedrich Daniel Schubart bei Herzog Carl Eugen in Ungnade gefallen. Der Landesfürst ließ seinen Kapellmeister wegen satirischer Gedichte auf einen Geistlichen und wegen Ehebruch seines Amtes entheben. Schubart ging nach Augsburg und Ulm und veröffentlichte Gedichte, die Kritik an der Fürstenwillkür übten. 1777 lockt Herzog Carl Eugen ihn auf württembergisches Territorium, um ihn zu verhaften und auf dem Hohenasperg einzukerkern. Dort darf Schiller ihn besuchen. Zehn Jahre später entlässt der Herzog Schubart aus dieser Festungshaft, macht ihn umgehend zum Hof- und Theaterdichter und betraut ihn mit der Direktion über das Schauspiel und die deutsche Oper an seinem Hof. Viele von Schillers Kommilitonen an der Carlsschule sind durch den Herzog gefördert und befördert worden; Ludwig Schubarts Vater aber stirbt schon bald an den in zehnjähriger Festungshaft erlittenen Qualen.

1779 besteht Schiller die Jahresprüfungen, doch wird seine Abschlussarbeit *Philosophie der Physiologie*, mit der sein Studium beendet sein soll, nicht angenommen. Der Herzog entscheidet, dass er noch ein zusätzliches Jahr an der Akademie verbringen müsse und eine neue Abschlussarbeit vorzulegen habe. Diese Verlängerung betrifft übrigens nicht bloß Schiller allein, sondern die Schüler seines ganzen Jahrgangs (auch die mit gutem Abschluss) sind davon betroffen, da erst noch mit den Landesbehörden über den Einsatz der an der Akademie ausgebildeten Mediziner zu verhandeln ist. Schiller nutzt diese zähneknirschend akzeptierte Frist, um seinen dramatischen (und endlich durch sich selbst akzeptierten) Erstling *Die Räuber* nun fertig zu schreiben. Im Dezember 1780 wird seine Arbeit *Versuch über den Zusammenhang der tierischen Natur des Menschen mit seiner geistigen* angenommen und Schiller aus der Militärakademie entlassen. Das bedeutet aber nicht die ärztliche Approbation, so dass Schillers berufliche Zukunft gänzlich von der Gnade seines Herzogs abhängt. Carl Eugen setzt ihn als »Regimentsmedikus« bei einer Stuttgarter Truppe invalider Soldaten ein. Sein Jahresgehalt beträgt 216 Gulden. Er bekleidet den Dienstrang eines Feldschers, darf also keine Offiziersuniform tragen und hat keine Aussicht auf Beförderung.

Er wohnt bei der Witwe Louise Dorothea Vischer, zu der er (vermutlich bloß geistig) ein leidenschaftliches Liebesverhältnis unterhält. Daraus entstehen die (ziemlich kläglichen) *Gedichte an Laura*. Ihre Dürftigkeit hängt mit dem Gegenstand der Verehrung zusammen. In späteren Jahren wird er Minna Körner, der Frau seines Freundes Christian Gottfried Körner, eingestehen: *Jene Laura, [...] als deren Petrarka ich mich erklärt hatte, war eine Hauptmannswitwe, bei der ich wohnte und die mich mehr*

durch ihre Gutmütigkeit, als durch ihren Geist, am wenigsten
aber durch ihre Schönheit anzog.

Und was ists, das, wenn mich Laura küsset,
  Purpurflammen auf die Wangen geußt,
Meinem Herzen raschern Schwung gebietet,
  Fiebrisch will mein Blut von hinnen reißt?

Aus den Schranken schwellen alle Sennen,
  Seine Ufer überwallt das Blut,
Körper will in Körper überstürzen,
  Lodern Seelen in vereinter Glut …

Schiller trinkt in dieser Zeit heftig, kegelt mit Freunden
und schläft angeblich mit Soldatenfrauen. Daneben
schreibt er kraftmeierische Texte, die sein angekratztes
Selbstbewusstsein aufbessern sollen. So etwa die Elegie
auf den Tod eines Jünglings, die dem Andenken des
Freundes Johann Christian Weckherlin gewidmet ist.
Die letzte Strophe lautet:

Zieht dann hin, ihr schwarzen stummen Träger!
  Tischt auch Den dem großen Würger auf!
Höret auf Geheul ergoßne Kläger!
  Thürmet auf ihm Staub auf Staub zu Hauf!
Wo der Mensch, der Gottes Rathschluß prüfte?
  Wo das Aug, den Abgrund durchzuschaun?
Heilig! Heilig! Heilig! bist du Gott der Grüfte,

Wir verehren dich mit Graun!
Erde mag zurück in Erde stäuben,
Fliegt der Geist doch aus dem morschen Hauß!
Seine Asche mag der Sturmwind treiben,
Seine Liebe dauert ewig aus!

Mit solchen Versen erregt der junge Medikus natürlich heftigen Anstoß unter Stuttgarts frommen Bürgern, und es scheint, als habe er derartige Provokationen gewollt. Dass er die Folgen auf Dauer nicht durchstehen konnte, mag am Ende zu den Gründen seiner inszenierten Flucht zählen.

IV.

»will ihn nennen den schönen Tag«
Vom Versuch, sich eine Biographie zu erfinden

Schiller lebt als Regimentsmedikus in Stuttgart weit über
seine Verhältnisse. Damit lädt er, nach protestantischem Verständnis, sündhafte Schuld auf sich. Wem ständig Sünde
nachgesagt wird, der kann sich aus diesem Zustand befreien, wenn er dem dazugehörigen Glaubenskonstrukt absagt. Schiller driftet vom Christentum ab (genauer: vom
schwäbischen Pietismus, einer besonders in Württemberg
verbreiteten protestantischen Frömmigkeitsbewegung),
aber er kommt davon nicht frei. Zu massiv ist seine christliche Prägung: Sie wirkt mit bei seinem Eintreten einerseits
gegen den feudalen Machtmissbrauch durch Carl Eugen,
andererseits aber auch gegen die Philosophie der Aufklärung. Im Gedicht *Der Eroberer* wird Schiller schreiben:

O dann stürze der Fluch, der aus der glühenden
Brust mir schwoll, in die Waag, donnernd wie fallende
Himmel – reisse die Waage
Tiefer, tiefer zur Höll hinab,

Dann, dann ist auch mein Wunsch, ist mein gefluchtester
Wärmster, heisester Fluch ganz dann gesättiget,

O dann will ich mit voller
Wonn mit allen Entzükungen

Am Altare vor dir, Richter, im Staube mich
Wälzen, jauchzend den Tag, wo er gerichtet ward,
Durch die Ewigkeit feyren,
Will ihn nennen den schönen Tag.

Er hat sich in Stuttgart beängstigende pekuniäre Lasten aufgeladen: etwa für die Drucklegung der *Räuber*. Seine niedrige Militärbezahlung lässt seine Schulden weiter anwachsen. Um denen zu entkommen, hilft kein Konfessionswechsel. Jedenfalls nicht in einer Landschaft, die den Wert eines Menschen vor allem danach berechnet, wie gewissenhaft er die Kehrwoche einhält. Und natürlich danach, wie sparsam er zu leben vermag.

Schiller gilt bei seinen Verehrern als mutiger Freiheitsheld; sie dichten ihm einen heldenhaften Habitus an. In Wahrheit spielt in seinem Leben die Furcht eine bestimmende Rolle. Er läuft aus Angst vor der Angst in neue Ängste. Er fürchtet sich, durchaus mit Recht, vor dem jähzornigen Vater. Auch der unberechenbare Herzog vermag Furcht und Schrecken einzujagen. Schiller muss über viele Jahre hinweg den Druck seiner missratenen wirtschaftlichen Verhältnisse fürchten. Und er ängstigt sich vor dem eigenen Versagen.

Nur mit einem derart vielfältigen Angstkomplex lässt sich sein körperlicher Zusammenbruch auf der Wanderung von Mannheim nach Frankfurt erklären. Schiller steht schließlich kraftlos auf der Mainbrücke und spielt mit der Idee, seinen quälenden Ängsten durch einen Sprung ins Wasser endlich zu entkommen.

Auch in Liebesdingen verhält sich Schiller überaus extrem, noch über viele Jahre hinweg und in widersprüchliche Richtungen. Dass er sich lange nicht entscheiden kann, welche der beiden Schwestern Charlotte und Caroline von Lengefeld er heiraten will, ist dafür bezeichnendes Beispiel; von ihm wird noch zu reden sein. Aber auch die frühen Heiratsanträge an die sechzehnjährige Tochter seiner Bauerbacher Gastgeberin von Wolzogen oder an die Tochter seines Mannheimer Verlegers Schwan entstehen derart unvorbereitet, dass nur innere Konflikte und Kämpfe des Dichters, die nach außen unsichtbar blieben, zu derart überraschenden Entschlüssen geführt haben können.

Schillers Leben – und auch der größte Teil seiner Arbeit – ist der Versuch, gegen eine ziemlich miese Wirklichkeit ein besseres Bild einer lebbaren Biographie zu setzen und schließlich durchzusetzen. Gelungen ist davon wenig. Woran wir uns halten können, ist immerhin der Versuch. Verfolgen wir zunächst die Ereignisse nach der Flucht aus Stuttgart.

Wir erinnern uns: Schiller hat, in Begleitung Streichers, am 24. September 1782 Mannheim erreicht und dort, weil Intendant Dalberg noch in Stuttgart weilt, zunächst den

57

Regisseur Meyer aufgesucht, der die Flucht aus Stuttgart für falsch ansieht. Er überredet Schiller zu einem Brief an den württembergischen Herzog, mit dem er eine gnadenvolle Rückkehr erreichen soll. Schiller schreibt sogar zwei Briefe, in denen er sich für die Flucht entschuldigt und die bisherigen Schwierigkeiten seiner Schriftstellerexistenz als Grund anführt; der eine Brief soll über General Augé, der andere über den Intendanten der Carlsschule, Oberst von Seeger, den Herzog erreichen. Drei Tage später trifft ein Antwortschreiben des Generals Augé ein, das nur mitteilt, Schiller solle sofort nach Stuttgart zurückkehren, das würde die herzogliche Gnade ihm gegenüber erhöhen. Dieser unbestimmten Mitteilung misstraut Schiller. Vermutlich ist ihm auch klar, dass eine Rückkehr nach Stuttgart ihm nur ein Leben in Umständen einbrächte, die ihm bislang als unlebbar erschienen sind.

In der Zwischenzeit ist ihm leider auch in Mannheim ein Missgeschick unterlaufen. Er hat den Regisseur Meyer auf die Existenz seines neuen Dramas *Die Verschwörung des Fiesko zu Genua* aufmerksam gemacht; der hat ihm eine Lesung vor den wichtigsten Schauspielern des Hauses organisiert. Schillers schwäbischer und pathetischer Lesestil bringt den Text um alle Wirkung; schon am Ende des zweiten Aktes haben sich alle Zuhörer verlaufen. Schiller bittet in seiner Verzweiflung den Regisseur, ihn wenn schon nicht als Dichter, so doch wenigstens als Schauspieler zu engagieren. Doch auch dieser Vorschlag findet keine Zustimmung.

Am 2. Oktober trifft ein zweiter Brief von Augé ein, der die Forderungen aus dem ersten wiederholt. Regisseur Meyer fürchtet den Einfluss des württembergischen Herzogs bis Mannheim und schlägt Schiller vor, seine Flucht bis Frankfurt fortzusetzen. Bereits am nächsten Morgen folgen Schiller und Streicher dieser Aufforderung. Während ihrer Wanderung sinnt Schiller über das neue Stückprojekt *Luise Millerin* (später *Kabale und Liebe*) nach. Es geht auf Heinrich Leopold Wagners Text *Die Kindsmörderin* zurück, den ihm Intendant Dalberg im Mai diesen Jahres überreicht hat. Am Abend des 5. Oktober erreichen die beiden Wanderer (Schiller ist bis zur äußersten Grenze seiner Kräfte erschöpft, Streicher absolvierte den Fußweg ohne größere Mühe) den Stadtrand von Frankfurt. Anderntags schreibt Schiller einen Bettelbrief an Dalberg, in dem er 300 Gulden Vorschuss für *Fiesko* erbittet. Während des Wartens auf die Antwort aus Mannheim arbeitet Schiller an den Skizzen etlicher Auftritte zu *Luise Millerin*.

Am 9. Oktober kommt Dalbergs enttäuschende Antwort. Er lässt durch Meyer mitteilen, dass *Fiesko* in der vorliegenden Fassung nicht aufführbar sei. Gleichzeitig erhält Schiller einen dritten Brief von General Augé, der die Ordre des Herzogs enthält, seine Gnade nicht länger zu missbrauchen. An diesem Tag soll Schiller etliche Zeit mit Selbstmordgedanken auf der Sachsenhausener Mainbrücke verbracht haben.

Am folgenden Tag erhält Andreas Streicher neues

Reisegeld überwiesen, um weiter nach Hamburg zu reisen. Er will 30 Gulden jedoch benutzen, um mit Schiller zurück in die Mannheimer Nähe zu reisen. Sie erbitten von Meyer brieflich eine billige Unterkunft in Mannheims Umgebung. Einen neuerlichen Fußweg riskieren sie nicht; zunächst fahren sie mit dem Schiff nach Mainz, von da ab laufen sie ein Stück rheinaufwärts, den Rest fahren sie erneut auf dem Fluss bis Worms.

Dort erhalten sie bereits Meyers Nachricht von einem preiswerten Quartier in Oggersheim, in dem Andreas Streicher als Dr. Wolf und Friedrich Schiller als Dr. Schmidt absteigen. Im »Viehhof« (so heißt diese Unterkunft) arbeitet Schiller eine Woche lang intensiv am dramatischen Gesamtplan der *Luise Millerin* sowie an einer Überarbeitung des *Fiesko*. In diesen Tagen erhält er einen letzten Brief von General Augé, der ihm ein um Rückkehr bittendes Anschreiben seines Vaters sowie die schon mehrfach zitierte Ordre des Herzogs beigelegt hat. Schiller reagiert mit einem Brief an seine Schwester (der natürlich für den Vater gemeint ist), in dem er, alles andere als wahrheitsgemäß, von seinem derzeitigen Wohlstand berichtet. Am Ende des Monats wird Schiller aus der württembergischen Militärliste gestrichen. Er steht nun dort als »ausgewichen«. Aus Furcht schreibt Schiller Briefe nach der Heimat, in denen er, um seine Spur zu verwischen, baldige Reisen nach Berlin und womöglich bis Russland ankündigt.

Mitte des Monats November übernimmt der Mannheimer Verleger Schwan Schillers *Fiesko*-Manuskript zum Druck, obwohl schon ziemlich klar ist, dass Intendant Dalberg auch die Überarbeitung des Textes nicht zur Aufführung annehmen wird. Schwan zahlt dem Autor 10 Louisdor voraus, um dessen äußerste Notlage zu mildern. Ein Teil der Hotelschulden wird davon beglichen, außerdem bezahlt Schiller überraschend einen Platz in der Fahrkutsche nach Meiningen. Bis heute ist nicht zu klären gewesen, wann und auf welchem Weg Schiller den heimlichen Kontakt zu Henriette von Wolzogen, der Mutter eines seiner Stuttgarter Kommilitonen, aufgenommen und von ihr ein Exilangebot in der Meininger Gegend erhalten hat.

Zunächst verlässt Andreas Streicher die Oggersheimer Unterkunft, um in Mannheim als Musiker Geld zu verdienen. Zwei Tage später reitet Schiller nach dem badisch-württembergischen Grenzort Bretten, um seine Mutter und die Schwester Christophine noch einmal zu sehen. Auch diesmal versucht er, seiner Familie Eindrücke von seinem angeblichen Wohlergehen zu vermitteln. Als er nach Mannheim zurückkehrt, erfährt er schon bald die endgültige Ablehnung des *Fiesko* durch Intendant Dalberg und den Ausschuss des Theaters. Am folgenden Tag beginnt Schiller, bis Worms von Freunden begleitet, die einwöchige Reise bis Meiningen.

Henriette von Wolzogen ist eine junge Witwe; sie lebt vorwiegend in Stuttgart. Ihre Söhne besuchen dort die

Militärakademie. Sie war im Mai 1782 mit dem Feldscher Schiller und dessen Wirtin in Mannheim, um eine *Räuber*-Aufführung zu erleben. Die aber kam damals gar nicht zustande, weil ein Teil der Schauspieler gerade beurlaubt war; die Stuttgarter Besucher erlebten bloß flache italienische Komödien und fuhren enttäuscht wieder nach Hause. Schillers unerlaubte Reise wurde zu Hause publik, der Herzog verurteilte ihn zu mehreren Tagen Arrest. Vermutlich hat Frau von Wolzogen bereits in dieser Zeit dem jungen Dramatiker für mögliche Krisenphasen eine Art Exil in ihrer meiningischen Heimat angeboten. Nun aber, da Schiller sich urplötzlich auf den Weg dorthin macht, scheint ihr die ganze Sache gar nicht geheuer zu sein. Die nächsten Wochen und Monate werden (aus ihrer Sicht) vor allem von Furcht vor herzoglichen Reaktionen in Stuttgart und vor persönlichen Nachteilen, die sich daraus ergeben könnten, bestimmt.

Bereits vor seiner Flucht in die Meininger Gegend hatte Schiller an den Intendanten Dalberg geschrieben: *Traurig genug, daß ich auch an mir die gehäßige Wahrheit bestätigt sehen muß, die jedem freien Schwaben Wachsthum und Vollendung abspricht.*

V.

»daß komisches mit tragischem wechselt«
Exil in Bauerbach und ein Vertrag aus Mannheim

Am Morgen des 7. Dezember 1782 trifft im Gasthof
»Zum Hirsch« in Meiningen mit der fahrenden Post ein
Fremder ein, der unverzüglich nach dem herzoglichen
Bibliothekssekretär Reinwald schicken lässt. Es ist ein
kalter Tag; der Fremde reibt sich die starren Finger,
während er wartend vorm eben erst angeheizten Ofen
auf und ab geht. Unrasiert, mit rötlichem Haar und zer-
knautschter Reisekleidung, sieht er nicht eben Vertrau-
en erweckend aus. Reinwald lässt nicht lange auf sich
warten. Die beiden Männer flüstern eine Weile verstoh-
len miteinander, Papiere wechseln den Besitzer. Schließlich speist man miteinander. Am frühen Nachmittag
reist der Unbekannte weiter, dem zwei Wegstunden
südwestlich von Meiningen gelegenen Dorf Bauerbach
zu. Beim Gutsverwalter Voigt stellt er sich als Doktor
Ritter vor und wird in das Gutshaus der zurzeit abwe-
senden Henriette von Wolzogen geleitet, das giebelseitig
an der Dorfstraße lehnt. Es ist ein aufgestocktes Bauern-
haus – das einstige Gutshaus war vom Verfall bedroht
und musste aufgegeben werden. Im oberen Stockwerk
bezieht der Fremde zwei bescheidene Kammern, in

deren größerer man eilig den runden Kachelofen anheizt. In der schmalen Nebenkammer wird unterdes das Bett für den unbekannten Gast bereitet.

Im Dorf rätselt man über Herkunft und Geschäft des Fremden, der seine kommenden Tage schreibend im Gutshaus verbringt und der bloß ausgeht, um seine Mahlzeit auf Kosten der Gutsherrin im Gasthof einzunehmen. Niemand ahnt, dass dieser Doktor Ritter in Wahrheit der Dichter Friedrich Schiller aus Marbach am Neckar ist, der als Deserteur aus militärischem Dienst befürchten muss, von seinem württembergischen Landesherrn auch über die Landesgrenzen hinweg verfolgt zu werden.

Die bescheidenen Verhältnisse, in denen die Wolzogens leben, sind auch ihrem Wohnhaus anzusehen. Umso verdienstvoller erscheint die Entscheidung der früh verwitweten Gutsherrin, dem jungen Dichter Schiller in höchster Not beizustehen. Am Tag nach seiner Ankunft schreibt er dem zurückgebliebenen Freund Streicher: *Endlich bin ich hier, glücklich und vergnügt, daß ich einmal am Ufer bin. Ich traf alles noch über meine Wünsche. Keine Bedürfniße ängstigen mich mehr, kein Querstrich von aussen soll meine dichterischen Träume, meine idealische Täuschungen stören. Das Haus meiner Wolzogen ist ein recht hübsches und artiges Gebäude, wo ich die Stadt gar nicht vermiße. Ich habe alle Bequemlichkeit, Kost, Bedienung, Wasche, Feurung, und alle diese Sachen werden von den Leuten des Dorfs auf das vollkommenste und willigste besorgt.*

64

Dieses überschwängliche Lob der Verhältnisse – es wird nicht von langer Gültigkeit bleiben – muss vor dem Hintergrund der vordem durchlittenen Not gelesen werden. Wie tief der Schmerz über die Niederlagen und Kränkungen noch immer ist, das verrät ein Brief an die Mäzenatin: *Ich hatte die halbe Welt mit der glühendsten Empfindung umfaßt, und am Ende fand ich, daß ich einen kalten Eisklumpen in den Armen hatte.* Dabei weiß der junge Dichter im Dezember 1782 noch gar nicht, dass diese Heimatlosigkeit, dieses Herumirren als Asylant, noch für viele Jahre sein Schicksal bleiben wird. Bereits seine Sprache lässt ihn allerorts als Fremden erkennen. Er spricht eine ausgeprägt schwäbische Mundart, zu der ihm die passende Landschaft fehlt. Und in der sanften Hügellandschaft am östlichen Rand des fränkisch geprägten Grabfeldes, in dessen Talung sich das kleine Haufendorf flach geduckt hat, erscheint seine Heimatsprache besonders fremd.

Schiller beginnt in Bauerbach sofort mit der Arbeit an dem Trauerspiel *Luise Millerin*. Zunächst hofft er, den Text in zehn bis zwölf Tagen vollenden zu können. Vom frühen Morgen an sitzt der dreiundzwanzigjährige Dichter am Schreibtisch im karg möblierten Arbeitsraum. Wenn er den Blick hebt, dann sieht er durchs Kammerfenster bewaldete Hügelkuppen. Nirgendwo eine Menschenseele. Wohl kommt am Morgen der Diener und heizt den Ofen an. Aber im ganzen Dorf findet Schiller keinen Gesprächspartner, mit dem er sich über seine

Ideen und Pläne austauschen könnte. Henriette von Wolzogen, seine Gönnerin, weilt zumeist in Stuttgart oder bei Verwandten. Während Schillers Aufenthalt in Bauerbach erscheint sie nur zu zwei kurzen Besuchen.

Um den Jahreswechsel 1782/83 weilt sie erstmals in Bauerbach. In ihrer Sorge, Schillers Aufenthaltsort könnte in Stuttgart bekannt werden, bittet sie ihn, einen gefälschten Brief zu formulieren, der von einer geplanten Englandreise handeln soll. Schiller tut es, fälscht ihn mit dem Absendeort Hannover und adressiert ihn an Streicher.

Während ihres Aufenthaltes im Meininger Herzogtum unternimmt Frau von Wolzogen (gemeinsam mit Schiller) einen Besuch im nahen Walldorf – zur Hochzeit ihrer Ziehtochter aus der Rhön. Dort sieht Schiller erstmals die blutjunge Charlotte Marschalk von Ostheim, die er zwei Jahre später als verehelichte Charlotte von Kalb in überaus wechselhaften Liebesgefühlen erleben wird. Nach Henriettes Abreise ist die Einsamkeit seiner Bauerbacher Arbeitssituation sofort wieder da.

Seine Zufriedenheit mit den neuen Umständen währt folglich nur für kurze Zeit. Schon bald klagt er über die *einsame, grillenhafte Zelle*, möchte seine *tägliche Kost um eine menschliche Gesellschaft dahingeben*. Schließlich wird er vom *barbarischen Bauerbach* sprechen.

In dieser Krisenzeit wird für Schiller jener Mann wichtig, den er schon bei seiner Ankunft in Meiningen kennen lernte: der herzogliche Bibliothekssekretär Wilhelm Friedrich Hermann Reinwald. *Ein fleißiger, nicht ganz ungeschickter Philister, durch Verhältnisse gedrückt und beschränkt, durch hipochondrische Kränklichkeit noch mehr darnieder gebeugt; sonst in neuern Sprachen, auch in gewißen Litteraturfächern nicht unbewandert* – so wird Schiller ihn später beschreiben. Reinwald wird Schillers engster Vertrauter; er erledigt, um das Inkognito des Dichters zu wahren, dessen Korrespondenz und besorgt ihm Bücher. Und zwar etliche, die für Schillers späteres dramatisches Werk überaus wichtig werden: *Histoire de Dom Carlos* vom Abbé de Saint-Réal, das zur Hauptquelle für Schillers *Don Carlos* wird; *Geschichte Schottlands* von Wilhelm Robertson, das zur Hauptquelle für *Maria Stuart* wird; David Humes *Geschichte von England*, das später für Schillers *Die Jungfrau von Orleans* wichtig wird. Reinwald und Schiller bilden in schwieriger Lage eine Notgemeinschaft, in deren Interesse sie beide alle Kritik am anderen ausklammern. Im April 1783 schreibt Schiller nach Meiningen: *Sie sind der edle Mann, der mir so lange gefehlt hat.* Und Reinwald notiert zu gleicher Zeit in sein Tagebuch: »Heute schloß er mir sein Herz auf, der junge Mann – Schiller [...] und ich habe ihn für würdig befunden, mein Freund zu heißen.«

Schiller vergisst bei seinem Besuch in Meiningen einige Papiere, darunter auch Briefe seiner Schwester Christophine. Das bietet für Reinwald Anlass, den Kontakt zu ihr zu suchen. Schließlich verloben sich die beiden, gegen Schillers Willen. (Im Sommer 1784, Schiller wohnt inzwischen wieder in Mannheim und Schwetzingen, kommen ihn die frisch Verlobten von Ludwigsburg her besuchen. Schiller erfährt, dass Reinwald von seinem künftigen Schwiegervater den Auftrag hat, ihn in seinen finanziellen Problemen ordnend zu beraten.) Einige Jahre später, am 22. Juni 1786, wird Reinwald sein Schwager werden und Friedrich Schiller wird sich damit abfinden.

Noch eine zweite Begegnung soll für Schiller während seines Exilaufenthaltes bedeutsam werden. Zu ihrem ersten Besuch kommt Henriette von Wolzogen in Begleitung ihrer sechzehnjährigen Tochter Charlotte nach Bauerbach. Schiller ist von dem blonden Mädchen, das in Hildburghausen erzogen wird, sofort tief beeindruckt. Er interpretiert seine Gefühle gleich als Liebesempfindungen und entwirft einen neuen Lebensplan, in dem er der Literatur absagt und gemeinsam mit Charlotte in ländlicher Abgeschiedenheit leben will.

Henriette von Wolzogen dämpft diese Gefühle, indem sie mit der Tochter schon bald wieder abreist. Schiller sitzt erneut allein am Bauerbacher Schreibtisch. Im Februar schließt er *Luise Millerin* in erster Fassung ab und schickt das Manuskript nach Mannheim – die alte Wunde, das wird deutlich, ist also noch am Schwären. In der zweiten Märzhälfte bekundet Dalberg überraschend Interesse an dem neuen Stück. Schiller legt sofort alle Pläne, darunter auch das Konzept zum *Don Carlos*, beiseite und macht sich an eine Überarbeitung der *Millerin*. *Ich bin wirklich sehr arbeitsam und freue mich, wenn mein Tagwerk vollendet ist.* Mit der Frühlingssonne scheint Schillers Vitalität zurückgekehrt zu sein. An Reinwald schreibt er: *Itzt fangen die herrlichen Zeiten bald an, worin die Schwalben auf unserem Himmel und Empfindungen in unsre Brust zusammenkommen. Wie sehnlich erwarte ich sie!*

ZUM INHALT DES STÜCKES: Luise, die Tochter des Stadtmusikanten Miller, liebt Ferdinand von Walter, den Sohn des herzoglichen Präsidenten. Doch dieser Liebe stehen die Standesunterschiede im Weg. Und Präsident von Walter hat andere Pläne: Er will seinen Sohn mit der Mätresse des Herzogs, Lady Milford, verheiraten. Ferdinand weigert sich, jedoch ohne den wahren Grund zu nennen, nämlich seine Liebe zu Luise. Sein Vater allerdings ist längst unterrichtet, und zwar von Wurm, seinem Sekretär, der sich ebenfalls Hoffnungen macht auf die Hand Luises.
Ferdinand sucht Lady Milford auf, um sie von dem Heiratsplan abzubringen. Zu seiner Überraschung lernt er sie als kluge, einfühlsame und von aufklärerischen Ideen geprägte Frau kennen. So hat sie etwa ein Geschenk des Herzogs zurückgewiesen, weil er es mit dem Verkauf von 7000 landeseigenen Soldaten nach Amerika finanziert hat. Von dem Heiratsplan mag sie allerdings nicht abrücken, denn auch sie liebt Ferdinand.
Der Sekretär Wurm schlägt dem Herzog eine »Kabale«, eine Intrige, vor. Luises Vater wird verhaftet und wegen einer Drohung gegen den Präsidenten mit der Todesstrafe

bedroht. Wurm nötigt Luise, einen Liebesbrief an den Hofmarschall von Kalb zu schreiben; und sie muss schwören, sich jederzeit zu diesem Brief zu bekennen. Luise, die ihren Vater retten will, tut wie ihr befohlen.

Der Brief wird Ferdinand zugespielt, der Luise zur Rede stellt. Doch Luise hält sich an ihren Schwur. Ferdinand vergiftet die Limonade, von der sie beide trinken. Erst als Luise den Tod nahen fühlt, gesteht sie ihre Unschuld und deckt die Hintergründe auf, die zu dem Brief geführt haben. Der herbeigeeilte Präsident trifft die beiden Liebenden gerade noch lebend an. Ferdinand verzeiht ihm, der Präsident lässt Wurm als Drahtzieher der Intrige verhaften und stellt sich selbst einer gerichtlichen Untersuchung.

Luise Millerin wird Schiller später, auf Vorschlag des Schauspielers und Dramatikers August Wilhelm Iffland, in *Kabale und Liebe* umbenennen. Es ist wohl das vielschichtigste und widerspruchreichste unter seinen frühen Stücken. An den Mannheimer Intendanten Dalberg schreibt Schiller von Bauerbach aus: *Außer der Vielfältigkeit der Karaktere und der Verwiklung der Handlung, der vielleicht allzufreyen Satyre, und Verspottung einer vornehmen Narren- und Schurkenart hat dieses Trauerspiel auch diesen Mangel, daß komisches mit tragischem, Laune mit Schreken wechselt, und ob schon die Entwicklung tragisch genug ist, doch einige lustige Karaktere und Situationen hervorragen.*

Tatsächlich erscheint die Handlung (die Liebe des aufklärungsphilosophisch gebildeten Ferdinand von

Walter zur bürgerlichen Luise und das Scheitern dieser Beziehung) zunächst als Auseinandersetzung zwischen feudaler Verkommenheit und bürgerlicher Moral; doch dann werden allmählich die kleinbürgerlichen Grenzen (im Aufstiegsbedürfnis von Luises Mutter etwa) sichtbar wie andererseits die unerwarteten Leistungen der englischen Mätresse Lady Milford, die den feudalen Niedergang anklagt: *Die Wollust der Großen dieser Welt ist die nimmer satte Hyäne, die sich mit Heißhunger Opfer sucht. — Fürchterlich hatte sie schon in diesem Lande gewütet — hatte Braut und Bräutigam zertrennt — hatte selbst der Ehen göttliches Band zerrissen — — hier das stille Glück einer Familie geschleift — dort ein junges unerfahrnes Herz der verheerenden Pest aufgeschlossen, und sterbende Schülerinnen schäumten den Namen ihres Lehrers unter Flüchen und Zuckungen aus.*

Die Vieldeutigkeit einzelner Figuren führt letztlich zur Schwierigkeit dieses Stückes beim zeitgenössischen Publikum. Selbst Schillers tragischer Held Ferdinand wird, mit seinem ertrotzten Tod am Ende des Stückes, zur (vermutlich ungewollten) Kritik an Haltungen des Sturm und Drang.

Selbst die Schriftstellerin Sophie La Roche (besonders bekannt geworden durch ihren Briefroman *Geschichte des Fräuleins von Sternheim*), die Schiller im Oktober 1783 in Speyer kennen lernt, wird nach dem Besuch der Mannheimer Aufführung vernichtend urteilen: »Ich habe Schillers *Cabale und Liebe* spielen sehen: Daß ist für mich abscheulich und sollte nur von Teufeln und Wahnsinnigen vorgestellt werden – Menschen, welche des Eindrucks und Vorstellung edler Gesinnungen fähig sind, können die Hälfte der Rollen ohne schmerzhaften Zwang der Seele und des Körpers ohnmöglich spielen.«

Aber im Frühjahr 1783 ist Schiller noch in Bauerbach. Am 14. April entwirft er ein poetologisches Konzept, das für seine nächste Schaffensperiode verbindlich sein soll und das er dem Freund in Meiningen unverzüglich mitteilt: *Jede Dichtung ist nichts anderes, als eine enthousiastische Freundschaft oder platonische Liebe zu einem Geschöpf unsers Kopfes. Ich will mich erklären. Wir schaffen uns einen Karakter, wenn wir unsre Empfindungen, und unsre historische Kenntniß von fremden in andere Mischung bringen [...] Gleichwie aus einem einfachen weisen Stral, je nachdem er auf Flächen fällt, tausend und wieder tausend Farben entstehen, so bin ich zu glauben geneigt daß in unsrer Seele alle Karaktere nach ihren Urstoffen schlafen und durch Wirklichkeit und Natur oder künstliche Täuschung ein daurendes oder nur illusorisch – und augenblikliches Daseyn gewinnen. Alle Geburten unsrer Phantasie wären also zulezt nur wir selbst.*

Neben diesem schaffensmethodisch bedeutungsvollen Konzept verrät der Brief an Reinwald freilich auch, wie tief Schillers Verbitterung über sein bislang erlittenes Schicksal noch immer sein mag. Er gesteht dem Bibliothekssekretär: *Ich bin nicht, was ich gewis hätte werden können. Ich hätte vielleicht gros werden können, aber das Schiksal stritte zu früh wider mich.*

72

Dieses recht allgemeine Resümee des jungen Dichters ist, bezogen auf seine frühe Schaffensphase, durchaus zutreffend. Die drei Stücke, die er bis zu diesem Zeitpunkt geschrieben oder noch in Arbeit hat *(Räuber, Fiesko, Millerin)*, sind durchweg in seiner konkreten Stuttgarter Wirklichkeitserfahrung begründet, sind Reaktionen auf leidvoll erlebte Konfliktkonstellationen. Schillers zornige Kritik an feudaler Fürstenwillkür wird im Südwesten von einer breiten Öffentlichkeit mitgetragen: Schließlich hatten die württembergischen Landstände bereits beim Wiener Reichshofrat ein Verfahren gegen den Herzog Carl Eugen wegen dessen hoher Staatsverschuldung angestrengt – und der »Erbvergleich« von 1770 gab ihnen im Wesentlichen Recht. 1778 hat der Herzog ein offizielles Schuldeingeständnis abgegeben und künftige Tugend gelobt. Daraus folgte, dass ihm das Volk umso argwöhnischer auf die Finger schaute. Dass Schiller, der sich zur moralischen Instanz und zur Verkörperung dieses Misstrauens erklärt hat, nun verborgen und weit entfernt von »seiner« Öffentlichkeit lebt, verhindert zunächst alle unmittelbare Wirkung. Zudem wird ihm klar, dass sein künftiges dramatisches Schaffen sich nicht länger nur aus dem württembergischen Fundus wird speisen können. Die Pläne zum *Don Carlos*, in Bauerbach skizziert, beweisen das bereits.

Ende Mai 1783 kommen Henriette und Charlotte von Wolzogen erneut nach Bauerbach. Schillers Empfindungen für die inzwischen Siebzehnjährige flammen wieder auf. Allerdings werden sie nicht erwidert. Als mit dem württembergischen Leutnant Franz Karl Philipp von Winkelmann auch noch ein Konkurrent in Erscheinung tritt, vermag Schiller seine Eifersucht kaum noch zu bezähmen. Dennoch erweisen sich diese spannungsreichen Wochen für den Dichter als anregend. Nach Meiningen schreibt er am 9. Juni: *Tausend Ideen schlafen in mir, und warten auf die Magnetnadel, die sie zieht – Unsre Seelen scheinen, wie die Körper, nur durch die Friction Funken zu geben.*

Während er also seine Kontakte zum Mannheimer Theater und zum Verleger Schwan beharrlich ausbaut, versteift er sich andererseits auf die bereits am Anfang des Jahres entwickelte Idee, gemeinsam mit Charlotte von Wolzogen in ländlicher Idylle, fernab aller literarischen Bestrebungen, leben zu wollen. Er teilt das am 30. Mai in einem ausführlichen Brief, der seinen sofortigen Abschied von der Schriftstellerei verspricht, der Mutter seiner Geliebten mit. – Es kommt zu jenem legendären Waldspaziergang, auf dem ihm seine Gönnerin Henriette nahe legt, für eine Weile zu verreisen. Offensichtlich hofft sie, dass räumlicher und zeitlicher Abstand die jugendliche Verwirrung der Gefühle klären und den Dichter zu seiner poetischen Bestimmung zurückführen könne. Henriette bürgt auch für ein Darlehen, das Schiller aufnimmt, um die Reise nach Mannheim bezahlen zu können.

Am 24. Juli 1783 verlässt Schiller den Ort Bauerbach. Verabredet ist, dass er nach einigen Wochen zurückkehren könne. Doch in Mannheim schließt er mit Dalberg einen Vertrag als Theaterdichter. An eine Rückkehr nach Bauerbach ist unter diesen Umständen nicht mehr zu denken.

Dennoch schickt er im Juni des folgenden Jahres noch einmal einen Werbebrief nach Bauerbach, in welchem er um Charlottes Hand anhält. Die Schulden, für die seine Gönnerin gebürgt hat, wird er freilich die nächsten sechs Jahre nicht zurückzahlen können.

Seine angebetete Charlotte Wolzogen wird übrigens einen Rühle von Lilienstern aus dem Dorf Bedheim im Schatten des Großen Gleichberges im östlichen Grabfeld heiraten. Die Ehe gilt von Anfang an als unglücklich. Charlotte verstirbt im ersten Kindbett. An die hundert Jahre später wird der lokale Schillerverein in der Bedheimer Kirche eine Steintafel für »Schillers Charlotte« errichten.

Erst 1787 sieht Schiller auf der Durchreise seine einstige Zufluchtsstätte Bauerbach wieder. Da muss er sich eingestehen: *Jene Magie war wie weggeblasen. Ich fühlte nichts. Keine von allen Plätzen, die ehmals meine Einsamkeit intereßant machten, sagte mir jetzt etwas mehr. Alles hat seine Sprache an mich verloren. An dieser Verwandlung sah ich, daß eine große Veränderung mit mir selbst vorgegangen war.*

Ende April 1783 ist bei Schwan in Mannheim die Erstausgabe der *Verschwörung des Fiesko zu Genua* endlich erschienen. Am 20. Juli wird das Stück in Bonn uraufgeführt. In den letzten Julitagen ist Schiller in Mann-

75

heim. Einen Monat später schließt Intendant Dalberg mit ihm jenen Vertrag, der ihn für ein Jahr als Theaterdichter anstellt. Er soll der Mannheimer Bühne den überarbeiteten *Fiesko,* die *Luise Millerin* und ein noch unbekanntes drittes Stück abliefern. Sein Gehalt beträgt 300 Gulden; zusätzlich soll er noch die Einkünfte von je einem seiner drei Theaterabende erhalten.

Bereits wenige Tage nach diesem Vertragsabschluss erkrankt Schiller an einer im rheinischen Gebiet um Mannheim damals häufig auftretenden Form von »kaltem Fieber«, eine Malaria-Art. Sein zuverlässiger Gönner, der Regisseur Meyer, ist bereits wenige Tage zuvor daran gestorben.

Bislang hat Schiller neben dem Mannheimer Schlossplatz gewohnt. Im Oktober 1783 zieht er gemeinsam mit Andreas Streicher zum Baumeister Hölzel, der später für ihn noch sehr wichtig werden wird. Aus diesen Tagen stammt auch das Gerücht, er habe sich heftig in die Schauspielerin Katharina Baumann verliebt, die sein Gefühl aber nicht erwidert. Ob diese Enttäuschung an seinem Rückfall in das malarische Fieber beteiligt ist, lässt sich heute nicht mehr klären. Jedenfalls werden in und um Mannheim knapp ein Drittel der Bevölkerung mehr oder minder schwer von jener Epidemie heimgesucht.

VI.

»auf der Folter der Geschäfte«
Schulden, Demütigungen und andere Desaster

Schiller hat nun zwar seinen erhofften Vertrag mit dem Mannheimer Theater, aber er ist krank. Er leidet an seinem malariaähnlichen Fieber, das die inmitten der Rheinsümpfe liegende Festung epidemisch heimsucht. Er wird mit hohen Dosen Chinarinde behandelt, das schädigt seinen empfindsamen Magen. Über Monate hinweg kommt er nicht auf die Beine. Von seinem Jahresgehalt hatte er sich zwei Drittel gleich bei Vertragsbeginn auszahlen lassen – sie waren nach wenigen Monaten ausgegeben. Schon Ende 1783 musste er um Auszahlung der Restsumme bitten.

Gibt es nun mit dem Anfang des neuen Jahres eine Besserung? Nein, im Gegenteil. Missmut und Krankheit hindern ihn bei der Einlösung seiner vertraglichen Verpflichtungen. Mit dem *Don Carlos* quält er sich herum, das Stück wird sein Schmerzenskind. Es gibt Kontroversen mit Theaterleuten, die früheren Freunde ziehen sich zurück. Schiller lebt wieder mit Streicher zusammen, der noch immer nicht aus Mannheim fortgekommen ist.

Im Herbst 1783 hat Intendant Dalberg ihn überredet, vom *Fiesko* eine neue, weit gehende Umarbeitung anzufertigen. Trotz gesundheitlicher Beeinträchtigungen arbeitet Schiller besessen daran – er will in Mannheim alle künstlerischen Erwartungen erfüllen. Eine der Töchter des Verlegers Schwan notierte: »Den andern Tag ging mein Vater wie gewöhnlich mit mir spazieren, und auf dem Heimweg sagte er, er wolle nur noch nach Schiller sehen, wie es ihm gehe; ich solle im Saal auf ihn warten, er werde wohl zu Bett liegen. An der Saaltür angekommen, hörten wir ein arges Geschrei, und das sahen wir! [...] In dem ganz finstern Zimmer brannten zwei Kerzen, auf dem Tisch stand eine Bouteille Burgunder und ein Glas und Schiller rannte in Hemdsärmeln auf und ab, [...] gestikulierte und krakeelte ganz barbarisch. [...] alle Läden waren geschlossen. Mein Vater rief ihm zu: Aber, lieber Schiller, was treiben Sie denn, dass Sie hausen wie ein Türke und gestern erst das Fieber hatten. Sind denn Sie ein Mediziner und wollen sich mit Gewalt ruinieren? [...] Nachdem er ausgeschnauft hatte, sagte er, drum habe er gerade den Mohren am Kragen gehabt – nämlich im *Fiesko* und er könne nicht begeistert werden, wenn das Tageslicht zu ihm hereinscheine. [...] Mein Vater ermahnte ihn sehr, seinem Fieber abzuwarten und alle Mohren laufen zu lassen. Was er auch versprach. Den folgenden Abend kam er wieder und brachte diese Szene aus *Fiesko* mit, die er meinem Vater vorlas.«

Der Stoff des Stückes entstammt der Mitte des 16. Jahrhunderts; damals fand in der Republik Genua eine Verschwörung gegen den Dogen Andreas Doria statt, weil man sich vor einer Machtnachfolge durch dessen Neffen Gianettino fürchtete. Führer dieser Verschwörung war der Graf Giovanni Luigi de Fiesci; der aber verunglückte tödlich, womit der Umsturz scheiterte.

Schiller gestaltet in seinem Stück den inneren und äußeren Kampf zwischen »Bürger« und »Herzog«, zwischen republikanischer und monarchistischer Ordnung. Der Widerstreit findet *in* Fiesko selbst statt, der als Rebell zunächst vorgibt, sich dem republikanischen Ideal verpflichtet zu fühlen, dann aber – aus Ehrgeiz und Machtverführung – sich zum »Herzog von Genua« ausrufen lässt. Wobei Fiesko bei Schiller nicht verunglückt, sondern (in unterschiedlichen Fassungen) entweder resigniert die Dogenwürde aufgibt (Mannheimer Fassung) oder aber ermordet wird (Fassung für Leipzig und Dresden).

Am 11. Januar wird der *Fiesko* in der Neufassung in Mannheim aufgeführt; der Erfolg des Stückes bleibt jedoch weit hinter den Erwartungen zurück. Das Drama gilt als »viel zu gelehrt« und wird nach zwei Wiederholungen abgesetzt. Anfang Mai schreibt Schiller an Reinwald: *Republikanische Freiheit ist hier zu Lande ein Schall ohne Bedeutung, ein leerer Name – in den Adern der Pfälzer fließt kein römisches Blut.*

Im Februar drängt Frau von Wolzogen (vergeblich), dass Schiller seine Schulden endlich begleichen müsse, für die sie gebürgt hat. Doch er ist auch jetzt nicht in der Lage, die hohe Summe zu bezahlen.

Am 13. April 1784 wird *Kabale und Liebe* in Frankfurt, am 15. April in Mannheim aufgeführt und das Publikum applaudiert lebhaft. Doch Schiller kann sich, trotz dieser Anerkennung, keine wirtschaftliche Unabhängigkeit erschreiben. Sein Erfolg bleibt nämlich weit hinter dem zurück, den etwa Ifflands Familiendrama *Verbrechen aus Ehrsucht* wenige Wochen zuvor erlangt hat. Im Gegenteil: Schillers Schulden wachsen. Zwar wird er Anfang Januar zum Mitglied der »Kurpfälzischen Deutschen Gesellschaft« in Mannheim und damit, nach der Bestätigung durch den Kurfürsten im folgenden Monat, kurpfälzischer Untertan, der im Notfall den Schutz des Landesherren anrufen kann. Offenbar fürchtet er noch immer den möglichen Zugriff seines württembergischen Landesherrn. Aber seine finanzielle Notsituation mindert sich dadurch nur wenig.

Der Vortrag, den Schiller in dieser Gesellschaft hält, ist ursprünglich betitelt: *Vom Wirken der Schaubühne auf das Volk*. Er gerät zu einer seiner besten Jugendarbeiten und handelt – orientiert an Lessings Idee eines National-theaters* – von der Wirkung des Theaters als moralische Anstalt. Dies nun aber im extremen Sinne: *Die Gerichtsbarkeit der Bühne fängt an, wo das Gebiet der weltlichen Ge-*

---

* Gotthold Ephraim Lessing (1729–1781) hatte 1767/68 in Hamburg versucht, die Vision einer »deutschen Nationalbühne« zu verwirklichen. In der *Hamburgischen Dramaturgie*, einer zwischen 1767 und 1769 erschienenen Sammlung von Aufführungskritiken und theoretischen Abhandlungen, begleitete er das bahnbrechende Projekt publizistisch.

seze sich endigt. Wenn die Gerechtigkeit für Gold verblindet, und im Solde der Laster schwelgt, wenn die Frevel der Mächtigen ihrer Ohnmacht spotten, und Menschenfurcht den Arm der Obrigkeit bindet, übernimmt die Schaubühne Schwerd und Waage, und reißt die Laster vor einen schrecklichen Richterstuhl. Das ganze Reich der Phantasie und Geschichte, Vergangenheit und Zukunft stehen ihrem Wink zu Gebot. Kühne Verbrecher, die längst schon im Staub vermodern, werden durch den allmächtigen Ruf der Dichtkunst jezt vorgeladen, und wiederholen zum schauervollen Unterricht der Nachwelt ein schändliches Leben. Ohnmächtig, gleich den Schatten in einem Hohlspiegel, wandeln die Schrecken ihres Jahrhunderts vor unsern Augen vorbei, und mit wollüstigem Entsezen verfluchen wir ihr Gedächtniß. Wenn keine Moral mehr gelehrt wird, keine Religion mehr Glauben findet, wenn kein Gesez mehr vorhanden ist, wird uns Medea noch anschauern, wenn sie die Treppen des Palastes herunterwankt und der Kindermord jezt geschehen ist. Heilsame Schauer werden die Menschheit ergreifen, und in der Stille wird jeder sein gutes Gewissen preißen, wenn Lady Macbeth, eine schreckliche Nachtwandlerin, ihre Hände wäscht und alle Wohlgerüche Arabiens herbeiruft, den häßlichen Mordgeruch zu vertilgen. [...] So gewiß sichtbare Darstellung mächtiger wirkt als toder Buchstabe und kalte Erzählung, so gewiß wirkt die Schaubühne tiefer und daurender als Moral und Geseze.*

Weniger berühmt ist der immerhin bemerkenswerte Satz geworden, der gleichfalls in diesem Text steht: *Die menschliche Natur erträgt es nicht, ununterbrochen und ewig auf der Folter der Geschäfte zu liegen.* Damit ist ein Vorgang angesprochen, der bis heute in vielfältiger Ausformung perfektioniert wird; nämlich die Verkleinerung des Menschen auf einen innerhalb der bestehenden Strukturen benötigten Bruchteil seiner selbst. Dieses Redukt entzieht sich schließlich der Kontrolle durch die Persönlichkeit, da es diese nicht mehr gibt.

Erst später erhält jener Vortrag den Titel *Was kann eine gute stehende Schaubühne eigentlich wirken?* In den Sammlungen früher Schriften wird er endlich veröffentlicht unter dem Titel: *Die Schaubühne als eine moralische Anstalt betrachtet.* Die Wirkung dieser Rede vor Mitgliedern der Deutschen Gesellschaft ist allerdings eine geringe geblieben.

Häufigen Umgang pflegt Schiller in dieser Zeit mit der frisch verehelichten Charlotte von Kalb (er hat sie vor zwei Jahren im Bauerbacher Exil kennen gelernt), deren Mann in Landau in Garnison liegt und die in Mannheim ihrer ersten Niederkunft entgegensieht. Er hat sie am 9. Mai wiedergetroffen. Seither pflegen sie eine intensive und intime Beziehung.

Im Juni 1783 hatte Schiller in einem Brief an Reinwald ausführlich seinen Plan einer »Mannheimer Dramaturgie« dargestellt, der sich an Lessings *Hamburgischer Dramaturgie* orientieren sollte. Nach einem Jahr in Mannheim hat sich nichts davon verwirklichen lassen. In langwierigen Verhandlungen mit Dalberg empfiehlt ihm der Intendant, das Medizinstudium wieder aufzunehmen und endlich seine Approbation zu erlangen. Am 1. Juli 1784 fasst Schiller den ernsthaften Entschluss, in Heidelberg sein Medizinstudium abzuschließen und sich als Arzt in Mannheim niederzulassen. Dalberg soll Geld vorschießen, mit dem er das Studium finanzieren will. Aber alles kommt anders: Ende Juli wird eine der Stuttgarter Schuldverschreibungen fällig; wahrscheinlich jene, mit der Schiller den Druck der *Räuber* finanzierte. Die Bürgin, Korporalin Fricke, ist von Stuttgart nach Mannheim geflohen, um sich dem Zugriff der Gläubiger zu entziehen und um Schiller zur Begleichung seiner Schuld zu bewegen.

Verzweifelt wendet sich Schiller an den Vater: Erstmalig bittet er ihn um finanzielle Hilfe. Der Vater antwortet grimmig: »Mein lieber Sohn! Er hat noch nie recht mit sich selber gerungen, und es ist höchst unanständlig und sündlich, sein Nichtwollen auf die Erziehung in der Akademie zu wälzen.« Und schließlich schreibt er: »Wir können nichts weiter thun, als für ihn beten.«

In höchster Not bietet der Baumeister Hölzel, Schillers und Streichers Zimmerwirt, seine Ersparnisse an. Die Ereignisse sprechen sich nicht bloß in Mannheim, sondern bis nach Stuttgart herum. Dort kursieren sogar Gerüchte von gefälschten Wechseln.

Am 3. August spielt Iffland in Friedrich Wilhelm Gotters Posse *Der schwarze Mann* den Bühnendichter Flickwort, der nicht weiß, wie seine Stücke ausgehen sollen, in einer Maske, die sehr an Schiller erinnert. Das

83

spottlustige Publikum erkennt den Bezug und verlacht höhnisch die karikierte Literatur.

Im Juni hatte Schiller vor der »Kurpfälzischen Deutschen Gesellschaft« jenen Vortrag gehalten, in dem er seine persönliche Entscheidung für die dramatische Dichtung mit dem nationalen Auftrag des Theaters rechtfertigte. Nachdrücklich hatte er Chancen für die Einlösung dieser Aufgabe verlangt. Die Forderung wird zur Farce, als ihn das Theater wenige Wochen später vor die Tür setzt. Dalberg lehnt jede weitere Unterstützung ab.

Anfang Oktober drängt Henriette von Wolzogen erneut, die Schulden, für die sie gebürgt hat, zurückzuzahlen. Schiller vermag es nicht.

Als er durch Vermittlung der Charlotte von Kalb eine Einladung erhält, am Darmstädter Hof den ersten Akt des *Don Carlos* vorzulesen, zögert er keinen Augenblick. Anderntags bittet er, der bald beteuern wird, außer seinem Publikum keinen anderen *Souverain* mehr gelten zu lassen, den zufällig anwesenden weimarischen Herzog Carl August um einen Titel. Der erfüllt bereitwillig die Bitte, die ihn nichts kostet, und ernennt Schiller zum Weimarischen Rat, Schiller wird jahrelang so tun, als sei er damit dem weimarischen Herzog dienstlich verbunden.

Überhaupt hat Schiller, bei allen Erfolgen mit dem dramatischen Frühwerk, sehr viel Demütigungen und Kränkungen einstecken müssen. Es begann bereits mit dem Erstling *Die Räuber.* Um dem Stück die Aktualität zu nehmen, wurde in der Uraufführung die Handlung aus der Zeit des Siebenjährigen Krieges in die Jahre nach 1495 verlegt. Die »räsonnierenden« Monologe des Karl Moor sind gestrichen, vor allem natürlich die Passage, in der Karl seine Vorliebe für den revolutionären Satan Miltons* ausdrückt. Das aufrührerische »Räuberlied« darf nicht gesungen werden; und am Ende darf Franz sich nicht durch Selbstmord entziehen, sondern die Räuber nehmen ihn gefangen und reinigen sich durch diese gerechte Tat von der früheren Schuld. Intendant Dalberg verfährt mit Schillers Texten überaus frei. Statt *Das Gesetz hat noch keinen großen Mann gebildet, aber die Freiheit brütet Kolosse und Extremitäten aus* heißt es in der Mannheimer Aufführung: *Der Friede hat noch keinen großen Mann gebildet, aber der Krieg brütet Kolosse und Helden aus.* – Noch im Jahre 1801, da steht Schiller längst im Dienst des Weimarer Herzogs, darf das Hoftheater Schillers Erstling in Bad Lauchstädt nur unter dem unauffälligen Titel *Carl Moor* aufführen.

Ähnlich ergeht es mit *Kabale und Liebe.* Die Uraufführung in Frankfurt erfolgt ohne die anklagende Kammerdienerszene, in welcher der Kammerdiener der Lady

---

* Eine Szene in John Miltons (1608–1674) Versepos *Das verlorene Paradies* (1667 erstmals ins Deutsche übersetzt) zeigt den Kampf zwischen Engeln und Teufeln und den Sündenfall der Menschheit. Schiller sieht in Milton jenen, *der es nicht dulden konnte, daß einer über ihn war und sich anmaßte, den Allmächtigen vor seine Klinge zu fordern.*

Milford von dem Soldatenverkauf des Herzogs berichtet. Als Schiller mit dem fertigen *Don Carlos* nach Weimar kommt, stößt er auf vehemente Ablehnung. Doch die Eingriffe beschränken sich nicht bloß auf die frühen Texte; selbst die großen Stücke des Spätwerkes werden immer wieder von zensierenden Einschränkungen betroffen. Iffland gibt in Berlin die Trilogie *Wallenstein* ohne den ersten Teil, *Wallensteins Lager*, in welchem die politischen Voraussetzungen für den dramatischen Konflikt benannt werden. An Schiller schreibt Iffland erklärend, in einem Militärstaat sei Ärger zu befürchten, wenn das Militär derart drastisch geschildert würde. Schiller antwortet resignierend: *Der Scandal wird genommen und nicht gegeben* [...].

Doch zurück nach Mannheim und zu Schillers dortiger Lage. Inmitten der misslichsten Umstände will Schiller der Welt seine Fähigkeiten beweisen: Trotzig entschließt er sich, die geplante Zeitschrift im Selbstverlag herauszubringen. Mitte März 1785 erscheint das erste und einzige Heft der *Rheinischen Thalia* im Selbstverlag. Der gesamte Inhalt des Heftes ist von Schiller allein bestritten, der sich für dieses Projekt erneut hat hoch verschulden müssen. In der Ankündigung erklärt er: *Ich schreibe als Weltbürger, der keinem Fürsten dient.* [...] *Nunmehr sind alle meine Verbindungen aufgelöst. Das Publikum ist mir jetzt alles, mein Studium, mein Souverain, mein Vertrauter. Ihm allein gehör ich jetzt an. Vor diesem und keinem andern Tribunal werde ich mich stellen. Dieses nur fürchte ich und verehr ich. Etwas Großes wandelt mich an bei der Vorstellung, keine andere Fessel zu tragen als den Ausspruch der Welt – an keinen andern Thron mehr zu appellieren als an die menschliche Seele.*

Das Blatt enthält auch den ersten *Carlos*-Akt, den er in Darmstadt vorgelesen hat. Als gezielter Affront gegen Carl Eugen ist die Zueignung zu begreifen, die Schiller in der *Thalia* vornimmt: *Wie theuer ist mir zugleich der jezige Augenblick, wo ich es laut und öffentlich sagen darf, dass Karl August, der edelste von Deutschlands Fürsten und der gefühlvolle Freund der Musen, jetzt auch der meinige seyn will, dass Er mir erlaubt hat, Ihm anzugehören, dass ich Denjenigen, den ich schon lange als den edelsten Menschen schäzte, als meinen Fürsten jetzt auch lieben darf.* Diese volle Breitseite ist gegen Württemberg gerichtet: Der »edelste Fürst« war ihm vordem Carl Eugen. Der reagiert auch diesmal nicht.

Schon zu diesem Zeitpunkt sind alle Grundprobleme, die Schillers Biographie begleiten und belasten werden, in ihrer Struktur erkennbar:
Er findet auf Dauer keinen Mäzenaten;
ein Leben lang hat er Ärger mit seinen Gläubigern;
von Kindheit an ist er häufig krank und dadurch in seiner Leistungsfähigkeit stark beeinträchtigt.
Dieses Syndrom aus für ihn unlösbaren Konflikten und Defiziten löst in ihm hochmütige und hochstaplerische Verhaltensmuster aus:

Er verkündet baldigen Überfluss;
er prahlt mit unmäßiger Leistungskraft;
er schildert sich als begehrt und umworben.

Selbst den eigenen Eltern gegenüber (vielleicht sogar vor allem ihnen) verschönt er seine Existenz in einer Weise, die sich weitab der Wirklichkeit bewegt. Er scheint dies als einzige Möglichkeit zu betrachten, das eigentlich Unlebbare doch noch einen Pulsschlag, einen Tag oder ein begonnenes Werk lang weiterzutreiben.

VII.

»Freude, schöner Götterfunken«
Auf Besuch in Weimar

Trotz der klangvollen Worte im Kunstblatt – auch die
Rheinische Thalia wird für Schiller ein finanzielles Desaster. In dieser verzweifelten Lage erinnert er sich an
jenen Brief, den er sieben Monate zuvor aus Leipzig
erhielt und den er bislang unbeantwortet liegen ließ.
Im Juni 1784 hatten der Jurist Christian Gottfried Körner und dessen sächsischer Freundeskreis mit Briefen
und Geschenken um Schillers Aufmerksamkeit gewor-
ben. Nun, in seiner Not des Frühjahrs 1785, entschließt
sich Schiller, der Einladung nach Leipzig Folge zu leisten.

Doch leider besitzt er kein Fahrgeld. Um ihm aus dieser Lage zu helfen, fingiert Körner einen »Vorvertrag« des
Verlegers Georg Joachim Göschen mit Schiller über die
Übernahme des neuen Thalia-Projektes – der Autor
erhält scheinbar einen Vorschuss von 300 Talern auf die
Weiterführung der Zeitschrift (in Wahrheit ist es Körner,
der alles bezahlt). Schiller wird übrigens mit der Zeitschrift auch in Leipzig nur sehr schleppend vorankom-
men: Im Dezember 1788 ist noch nicht das erste Heft der
neuen Reihe erschienen – sechs hätten es laut Vertrag zu

diesem Zeitpunkt schon sein sollen. Schiller muss gegen anhaltende Lustlosigkeit, Enttäuschung, Übermüdung und Krankheit ankämpfen, während Göschen, der auch mit Goethes Schriften Verlust machen wird, gegen den ständig drohenden Bankrott anzukämpfen hat. Schiller wird seinen Leipziger Verleger später auf ziemlich unfeine Weise gegen den finanzkräftigeren Kollegen Cotta in Tübingen ausspielen. Vorerst jedoch fehlt ihm für solche Intrigen noch die nötige Reputation. Er ist vorwiegend mit dem eigenen Überleben befasst. Die Idee, vermittels Einheirat in eine wohlsituierte Familie seiner Finanznot zu entkommen, taucht in diesem Jahrzehnt wiederholt und mit wechselnden Kandidatinnen auf.

Halten wir uns zunächst an die Abfolge der neuen Unternehmungen. Am 9. April 1785 reist Schiller aus Mannheim ab und fährt acht Tage durch *Morast, Schnee und Gewässer* nach Leipzig. In der Nacht zuvor hat er sich von Streicher verabschiedet. Das letzte Versprechen zwischen beiden lautet: Man wolle sich erst wiedersehen, wenn der eine (Schiller) Minister geworden sei und der andere (Streicher) Kapellmeister. Am 17. des Monats trifft Schiller in Leipzig ein. Zunächst trägt er sich auch hier mit dem Gedanken, sich durch ordentlichen Abschluss eines Medizinstudiums zu einem bürgerlich erfolgreichen Beruf zu qualifizieren. Es bleibt jedoch auch hier bloß bei der Absicht.

Am 24. April hält Schiller, von Leipzig her, bei seinem Mannheimer Verleger Schwan um die Hand von dessen

Tochter Margaretha an. Der Brief ist nie beantwortet worden.

Anfang Mai zieht Schiller nach Gohlis, ein Dorf am Rande der Stadt, wo er das Zimmer mit dem Verleger Göschen teilt. Am 1. Juli lernt er endlich Körner persönlich kennen, der ja eigentlich der Urheber für die Einladung des schwäbischen Dichters ins Sächsische gewesen ist.

Körner ist nur wenig älter als Schiller, aber vorzüglich ausgebildet. Er hat Jura, Philosophie und Wirtschaftswissenschaften studiert; er spricht alte Sprachen. Seit zwei Jahren ist er am Dresdener Oberkonsistorium als jüngster Rat berufen. Nach dem Tod seines Vaters hat er ein ansehnliches Vermögen geerbt. Schiller gesteht ihm seine große finanzielle Not, woraufhin Körner ihn mit größerem Gelddarlehen (es ist für circa ein Jahr Existenz gedacht) ausstattet. Es soll später mit Zinsen zurückgezahlt werden. Schiller bedankt sich anlässlich der Hochzeit Körners mit Minna Stock (sie findet im August statt) mit dem pathetischen Gedicht *An Körner*, darin es heißt: *Heil Dir, edler deutscher Mann* [...].

Als Körner mit seiner jungen Frau nach Dresden geht, fühlt sich Schiller sehr einsam. Dem jungen Verleger Göschen überlässt er die Rechte an den überarbeiteten Fassungen von *Fiesko* und *Die Räuber*, obwohl er diese Stücke zuvor dem Mannheimer Verleger Schwan übertragen hatte. Dennoch vermag er nicht das Gefühl der Verlassenheit zu überwinden. Er bittet Körner brief-

lich, ihm folgen zu dürfen. Der lässt zusagen. Am
11. September 1785 siedelt Schiller von Leipzig nach
Dresden über und zieht in das Körnersche Weinberg-
haus in Loschwitz an der Elbe. Er beginnt wieder an
Don Carlos zu arbeiten. Im Herbst kehrt die kleine
Gemeinschaft in die Stadt Dresden zurück; dort schreibt
Schiller das schnell populär werdende Lied *An die
Freude*. Darin wird die eigentliche Zueignung deutlich:

Wem der große Wurf gelungen,
eines Freundes Freund zu seyn;
wer ein holdes Weib errungen,
mische seinen Jubel ein!
Ja − wer auch nur eine Seele
sein nennt auf dem Erdenrund!

Aber: Schillers enthusiastische Freundschaft zu Körner
gerät ab dem späten Frühjahr 1786 in erste Krisen.
Neben der abschließenden Arbeit an *Don Carlos* schafft
er es immerhin bis zum vierten *Thalia*-Heft.

In diesem Heft erscheinen auch die ersten zwanzig
Seiten von Schillers Roman *Der Geisterseher*, jenem
Werk, dessen Quellen und dessen Entstehungsgeschich-
te bis heute weitgehend unbekannt geblieben sind. Es
ist durchaus denkbar, dass Beiträge der baltischen Gräfin
Elisabeth von der Recke in der *Berlinischen Monatsschrift*
Material für Schillers Story von einem deutschen Prin-
zen protestantischer Konfession, der in Venedig den In-

trigen einer katholischen Geheimgesellschaft erliegen soll, geliefert haben. Aber Belege dafür gibt es bis heute genauso wenig, wie wir nicht wissen, ob Schiller monatelang an diesem Romanprojekt und dessen Beginn gearbeitet hat oder ob er in den letzten Stunden vor der Textabgabe für Heft 4 der *Thalia* noch zwanzig Seiten zusammengestoppelt hat: aus effektvollen Krimilegenden, die man sich sonst in der späten Stunde feuchtfröhlicher Nächte zu erzählen pflegte. Tatsächlich entsteht bereits auf den ersten Seiten der Eindruck, Schiller habe einen wirkungsvollen Kolportageroman geplant und begonnen. Der Text beginnt:

Ich erzähle eine Begebenheit, die vielen unglaublich scheinen wird, und von der ich großenteils selbst Augenzeuge war. Den wenigen, welche von einem gewissen politischen Vorfalle unterrichtet sind, wird sie – wenn anders diese Blätter sie noch am Leben finden – einen willkommenen Aufschluß darüber geben; und auch ohne diesen Schlüssel wird sie den übrigen, als ein Beitrag zur Geschichte des Betrugs und der Verirrungen des menschlichen Geistes, vielleicht wichtig sein. Man wird über die Kühnheit des Zwecks erstaunen, den die Bosheit zu entwerfen und zu verfolgen imstande ist; man wird über die Seltsamkeit der Mittel erstaunen, die sie aufzubieten vermag, um sich dieses Zwecks zu versichern. Reine, strenge Wahrheit wird meine Feder leiten; denn wenn diese Blätter in die Welt treten, bin ich nicht mehr und werde durch den Bericht, den ich abstatte, weder zu gewinnen noch zu verlieren haben.

Doch in den folgenden Bruchstücken wird deutlich, dass der Autor sich seines Planes gar nicht sicher ist. Irgendwann flüchtet er sich in philosophische Diskurse. Am Ende bleibt Friedrich Schillers Roman *Der Geisterseher* ein Fragment.

Der anschwellende Konflikt im Verhältnis zu seinem Freund Körner resultiert aus unterschiedlichen Ästhetik-Vorstellungen, aber auch aus Schillers ökonomischer Unterlegenheit. Jahre später, da lebt Schiller bereits in Jena, wird er an Körner schreiben: *Könntest Du mir innerhalb eines Jahrs eine Frau von 12 000 Thl. verschaffen, mit der ich leben, an die ich mich attachieren könnte, so wollte ich Dir in 5 Jahren – eine Fridericiade, eine klassische Tragödie und weil Du doch so darauf versessen bist, ein halb Duzend schöner Oden liefern – und die Academie in Jena möchte mich dann im Asch lecken.* (Die *Fridericiade* ist nämlich Körners großer Wunsch, den Schiller ihm nicht erfüllt: ein Drama über Friedrich II. von Preußen.)

Dennoch: Als Körner mit Frau für längere Zeit nach Leipzig reist, leidet Schiller erneut sehr heftig unter seiner Einsamkeit. Anfang 1787 verliebt er sich in die neunzehnjährige Henriette von Arnim. Als dieses Verhältnis dramatisch zu werden droht, exiliert ihn Körner nach Tharandt, bringt ihn im Gasthaus unter und führt einen klärenden Briefwechsel mit Henriette von Arnim. Im Mai beendet Schiller endgültig dieses Verhältnis. Aber in Dresden fühlt er sich nicht mehr wohl. Er kündigt dem Hamburger Intendanten Friedrich Ludwig Schröder seinen baldigen Besuch an. Dem bisherigen Freund Körner sagt er nichts von endgültigem Abschied, er spricht bloß von einer längeren Reise.

Am 20. Juli 1787 verlässt Schiller den Dresdener Aufenthalt; am folgenden Tag langt er in Weimar an. Er nimmt Quartier im Gasthof »Zum Erbprinzen«. Eigentlich soll der Ort im Ilmtal nur kurze Station auf seiner Reise nach Hamburg sein. Doch Schiller begegnet in Weimar erneut der Charlotte von Kalb; er gibt sofort den weiteren Reiseplan auf und bleibt bei ihr. Bereits zwei Tage später schreibt Schiller: *Sonderbar war es, daß ich mich schon in der ersten Stunde unsers Beisammenseins nicht anders fühlte als hätt ich sie erst gestern verlassen. So einheimisch war mir alles an ihr, so schnell knüpfte sich jeder zerrissene Faden unsers Umgangs wieder an.*

Schiller, der weder Vermögen noch Einkommen hat, lässt sich zunächst von der Geliebten aushalten. Frau von Kalb führt ihn in bürgerlich-gesellige Zirkel der kleinstädtischen Residenz, in denen man ihr Verhältnis mühelos akzeptiert – die feudalen Kreise hingegen bleiben Schiller verwehrt. Bereits am 28. Juli schreibt er an Körner: *Mein Verhältniß mit Charlotten fängt an, hier ziemlich laut zu werden und wird mit sehr viel Achtung für uns beide behandelt. Selbst die Herzogin hat die Galanterie, uns heute zusammen zu bitten.* Das ist nun freilich ein Irrschluss: Er wird als Dichter empfangen, nicht aber als Liebhaber.

In der Woche nach seiner Ankunft bezieht Schiller eine Dachgeschosswohnung bei Frau von Imhoff, der Schwester Charlotte von Steins, an der Esplanade. Er zahlt da *17 und $^1/_2$ Taler. Viel Geld für zwei Zimmer und eine Kammer.* Schon drei Monate später gibt er diese Wohnung allerdings wieder auf und zieht ins heutige Haus Nr. 21 der Frauentorstraße, neben dem Gasthof »Zum weißen Schwan«, der nicht weit von Goethes Wohnhaus am Frauenplan steht. Die Schauspielerin Corona Schröter hat Schiller die neue Wohnung anempfohlen: »[…] es sind drei Piecen an ein ander und ist vollkommen hell. Hinten heraus ist auch noch ein hübsch Stübchen für einen Bedienten. Für Möbles, worunter ich mich vorzüglich nach einem Kanapee erkundigt, aufwartung, Tischzeug, Bett', auch denk ich, will er für das Vierteljahr 14 Thaler, welches mir sehr billig scheint.«

Ende August reist Schiller mit Charlotte von Kalb für etliche Tage nach Jena. Insgesamt aber wird sein Verhältnis zu ihr zurückhaltender als bei der Mannheimer Begegnung. Als Begründung führt er an: *Wir stehen recht gut zusammen; aber ich habe, seitdem ich wieder hier bin, einige Principien von Freiheit und Unabhängigkeit im Handeln und Wandeln in mir aufkommen lassen, denen ich mein Verhältniß zu ihr wie zu allen übrigen Menschen blindlings unterwerfen muß. Alle romantische Luftschlösser fallen ein, und nur was wahr und natürlich ist, bleibt stehen.*

Am 29. August 1787 findet in Hamburg die Uraufführung des *Don Carlos* in der jüngsten Fassung statt.

ZUM INHALT DES STÜCKES: Don Carlos, Sohn des Königs von Spanien und Kronprinz, liebt seine Stiefmutter Elisabeth, mit der er einmal verlobt gewesen ist. Sie hat inzwischen den Ehebund mit seinem Vater Philipp II. geschlossen und führt ein untadeliges Leben. Philipp erfährt von dieser Liebe durch die Prinzessin von Eboli, eine Hofdame, die sich von Don Carlos verschmäht fühlt.

König Philipp will sich weitere Klarheit verschaffen und sucht nach einem uneigennützigen Menschen, der ihm die ganze Wahrheit offenbaren könnte. Er findet ihn in Marquis Posa, dem engsten Freund des Kronprinzen, und beauftragt ihn, das Herz der Königin zu erforschen. Posa nutzt diese Begegnung für seine höheren Ziele: er fordert vom König politische Freiheiten für die Bürger des Staates. Außerdem will er die Befriedung der von Spanien blutig unterdrückten Niederlande fördern.

Posa gelingt es, die Unschuld Elisabeths aufzudecken. Doch er benutzt seine neue Machtstellung für ein gefährliches Spiel. Er will, gegen Philipps Willen, Don Carlos zum Befehlshaber der spanischen Truppen in Brüssel machen, wo er sich mit flandrischen Aufständischen verbünden soll. Zur Sicherheit aber hat er sich vom König einen Verhaftungsbefehl für Carlos ausstellen lassen, falls dieser eigenmächtig handeln sollte. Carlos erfährt davon und glaubt sich von Posa verraten. Als Carlos sich nun an die rachsüchtige Eboli wendet und damit eine ausweglose

Situation schafft, beschließt Posa, sein eigenes Leben zu opfern: Er bezichtigt sich selbst der Liebe zur Königin. Philipp lässt Posa erschießen. Dieser hat zuvor noch die Königin beauftragt, Carlos zu ermutigen, ein menschliches Spanien zu schaffen. Als jedoch Philipp erfährt, dass Carlos in den Niederlanden einen Aufstand fördern soll, liefert er seinen Sohn der Inquisition aus.

Während sich in den frühen Ansätzen das Stück vor allem aus einem Vater-Sohn-Konflikt zwischen Philipp und Carlos (und der heimlichen Liebe des Sohnes zur Königin) ergeben sollte, dominiert in den späten Fassungen die konfliktreiche Begegnung zwischen Marquis Posa und dem König Philipp. Posa versteht sich als *Bürger derer, welche kommen werden*. Sein Ziel ist es, Bürgerglück und Fürstenmacht zu vereinen. In der großen Begegnung sagt Posa:

[…] *Sire!*
Jüngst kam ich an von Flandern und Brabant. –
So viele reiche, blühende Provinzen!
Ein kräftiges, ein großes Volk – und auch
Ein gutes Volk – und Vater dieses Volkes!
Das, dacht' ich, das muß göttlich seyn! – Da stieß
Ich auf verbrannte menschliche Gebeine –
(Hier schweigt er still, seine Augen ruhen auf dem König,
der es versucht, diesen Blick zu erwiedern, aber betroffen und
verwirrt zur Erde sieht.)

Sie haben Recht. Sie müssen. Daß sie können,
Was Sie zu müssen eingesehn, hat mich
Mit schaudernder Bewunderung durchdrungen.
O schade, daß, in seinem Blut gewälzt,
Das Opfer wenig dazu taugt, dem Geist
Des Opferers ein Loblied anzustimmen!
Daß Menschen nur – nicht Wesen höh'rer Art –
Die Weltgeschichte schreiben!

Dann folgt sein (vorsichtiges) Urteil über diese Macht-
ausübung:

Sie wollen pflanzen für die Ewigkeit,
Und säen Tod? Ein so erzwungnes Werk
Wird seines Schöpfers Geist nicht überdauern.
Dem Undank haben Sie gebaut – umsonst
Den harten Kampf mit der Natur gerungen,
Umsonst ein großes königliches Leben
Zerstörenden Entwürfen hingeopfert.
Der Mensch ist mehr, als Sie von ihm gehalten.

An die Stelle dieser Haltung soll König Philipp eine
neue Leistung setzen:

Gehn Sie Europens Königen voran.
Ein Federzug von dieser Hand, und neu
Erschaffen wird die Erde. Geben Sie
Gedankenfreyheit. –

Und schließlich:

Wenn nun der Mensch, sich selbst zurück gegeben,
Zu seines Werths Gefühl erwacht – der Freyheit
Erhabne, stolze Tugenden gedeihen –
Dann, Sire, wenn Sie zum glücklichsten der Welt
Ihr eignes Königreich gemacht – dann ist
Es ihre Pflicht, die Welt zu unterwerfen.

Der König hat sich all dies geduldig angehört. Am Ende antwortet er dem Marquis:

[…] Nichts mehr
Von diesem Inhalt, junger Mann. – Ich weiß,
Ihr werdet anders denken, kennet Ihr
Den Menschen erst, wie ich – […]

Kurz danach erhält Schiller von dem Theaterdirektor Friedrich Ludwig Schröder das Angebot, als Dramaturg ans Hamburger Theater zu kommen. Schiller lehnt ab, da es ihm bei Charlotte von Kalb in Weimar noch gefällt.

Zunächst wohnt er bis Mitte Mai 1788 in der Weimarer Wohnung neben dem Frauenplan. Inzwischen ist die Beziehung zu Charlotte von Kalb durchaus spannungsvoll geworden.

Am 24. April 1788 schicken die Rudolstädter Schwestern Caroline und Charlotte von Lengefeld einen Brief an Schiller, der offenbar aus der Feder von Charlotte stammt.

Man hat für ihn ein Quartier in Volkstedt bereitet und will ihn nun ins Saaletal locken: Das Dorf habe »eine schöne Lage [...], am Ufer der Saale, hinter ihm erheben sich Berge, an deren Fuß liebliche Fruchtfelder sich ziehen, und die Gipfel mit dunklen Holze bekränzt, gegenüber an der andern Seite der Saale schöne Wiesen und die Aussicht in ein weites, langes Tal. Ich denke, diese Gegend wird Ihnen lieb sein, mir brachte sie gestern einen Eindruck von Ruhe in die Seele, der mir innig wohltat.«

Am 2. Mai erfolgt Schillers Antwort: *Ich werde in Ihren schönen Gegenden, in dieser ländlichen Stille mein eigenes Herz wieder finden, und Ihre und der Ihrigen Gesellschaft wird mich für alles, was ich hier zurücklasse, reichlich entschädigen.* Freund Körner, der wegen Schillers Ausbleiben offenbar eifersüchtig ist, wird durch Schiller beruhigt: *Beide Schwestern haben etwas Schwärmerei, doch ist sie bei beiden dem Verstande subordiniert und durch Geisteskultur gemildert. Die jüngere ist nicht ganz frei von einer gewissen Coquetterie d'esprit –* eben diese jüngere der beiden Lengefeld-Schwestern wird später Schillers Ehefrau!

Am 19. Mai trifft der Eingeladene, ohne weitere Ankündigung, überraschend in Rudolstadt ein. Er steigt im Gasthaus »Zur güldenen Gabel« ab und schickt eine Nachricht von seiner Ankunft an die Schwestern Lengefeld: *In der Hoffnung, daß mein künftiges Logis auf dem Dorfe (deßen Nahmen ich nicht weiß) durch Ihre Güte berichtigt sey, bin ich ohne weiteres hie her gereist'. Seit gestern Abend halb 10 bin ich hier [...]*

In Volkstedt wohnt Schiller beim Kantor Unbehaun, der ihn sehr hoch achtet. An der merkwürdigen Situation des Dichters als ungewiss Liebender und Wartender kann der Kantor freilich auch nichts ändern. Zwischen Volkstedt und Rudolstadt umfließt die Saale in engen Windungen einen Hügel aus Buntsandstein. Auf den steigt Schiller häufig und schaut hinüber zur Rudolstädter Stadtkirche, zu deren Füßen das Lengefeldsche Haus steht. Hier, *unter demselben Blau, über dem nämlichen Grün*, entwirft er die erste Fassung des programmatischen Gedichts *Die Künstler* (im folgenden Jahr wird er den Text noch zweimal gründlich umarbeiten; zuerst auf Kritik von Körner, später auf Anregung Christoph Martin Wielands, des bedeutenden Romanschriftstellers und Herausgebers, der von 1772 bis zu seinem Tod 1813 in Weimar lebte). Der umfangreiche Text handelt von den Möglichkeiten und Aufgaben des Künstlers, also von seinen eigenen. Und, da die Verse auf dem Saalehügel zwischen Rudolstadt und Volkstedt entstanden (der deshalb heute »Schillerhöhe« genannt wird), sind sie zunächst als Eigenlob an die Lengefeldschen Töchter adressiert:

Der fortgeschrittne Mensch trägt auf erhobnen Schwingen
dankbar die Kunst mit sich empor,
und neue Schönheitswelten springen
aus der bereicherten Natur hervor.

Des Wissens Schranken gehen auf,
Der Geist, in euren leichten Siegen
geübt, mit schnell gezeitigtem Vergnügen
ein künstlich All von Reizen zu durcheilen,
stellt der Natur entlegenere Säulen,
ereilet sie auf ihrem dunkeln Lauf.
Jetzt wägt er sie mit menschlichen Gewichten,
mißt sie mit Maßen, die sie ihm geliehn;
verständlicher in seiner Schönheit Pflichten,
muß sie an seinem Aug' vorüber ziehn.

Und am Ende heißt es:

der freysten Mutter freye Söhne,
schwingt euch mit festem Angesicht
zum Strahlensitz der höchsten Schöne,
um andre Kronen buhlet nicht.
[…]

so spielt in tausendfacher Klarheit
bezaubernd um den trunknen Blick,
so fließt in Einen *Bund der Wahrheit,*
in Einen *Strohm des Lichts zurück!*

Schillers offizielles Zusammentreffen mit den Lenge-
felds findet zumeist in deren Garten am Rudolstädter
Ortsrand statt. Auch am 7. September 1788 ist er dorthin
eingeladen. Am Nachmittag tauchen noch einige Gäste

aus Großkochberg auf, darunter ein Mann, den Schiller schon vor neun Jahren (als Student in der Stuttgarter Carlsschule) erstmals gesehen hat: Es ist Goethe. Enttäuschend wird für Schiller, dass der berühmte Dichter ihn keines persönlichen Wortes würdigt. Als die Gäste gegen Abend wieder abreisen, lässt Goethe die Erinnerung an ein kühles Zeremoniell zurück.

Noch einmal erinnernd: Um vor der spannungsvoll gewordenen Beziehung zu Charlotte von Kalb auszuweichen, hat Schiller den Sommer 1788 in Volkstedt bei Rudolstadt verbracht; dort suchte er mögliche Bindungen an eine der beiden Töchter der Frau Louise von Lengefeld, Hofmeisterin in Rudolstadt, zu überprüfen. Im November kehrt er nun nach Weimar zurück; noch einmal mietet er das alte Logis, das zwischenzeitlich leer stand, für etliche Monate an. Wenige Tage später schickt Caroline eine Liebeserklärung an ihn: »Ach ich kenne keinen Ersatz für das, was Sie meinem Leben gegeben haben! so frei und lebendig existirte mein Geist vor Ihnen! So wie Sie hat es noch Niemand verstanden die Saiten meines innersten Wesens zu rühren – bis zu Thränen hat es mich oft bewegt, mit welcher Zartheit Sie meine Seele in trüben Momenten gepflegt, getragen haben. – Wie nöthig ist es mir in der Hoffnung zu leben! Erinnerung allein würde mein Herz zerreißen, aber so schöpfe ich aus ihr Ahnungen künftiger Glückseligkeit.« – Keine Frage: Die »Ahnungen künftiger Glückseligkeit« sind die Hoffnungen auf eine baldige Heirat!

Am 18. Juni dieses Jahres ist Goethe aus Italien zurückgekehrt. Von Mitte 1788 bis Mai 1789, als Schiller nach Jena zieht, wohnen also die beiden Dichter in unmittelbarer Nachbarschaft. Doch es kommt zwischen beiden zu keinerlei Kontakt. Goethe wird später erklären: »[…] ich vermied Schillern, der, sich in Weimar aufhaltend, in meiner Nachbarschaft wohnte. Die Erscheinung des *Don Carlos* war nicht geeignet, mich ihm näher zu führen, alle Versuche von Personen die ihm und mir gleich nahe standen, lehnte ich ab, und so lebten wir eine Zeitlang nebeneinander fort.«

Und bei Schiller kann man lesen: *Dieser Mensch, dieser Göthe ist mir einmal im Wege, und er erinnert mich so oft, daß das Schicksal mich hart behandelt hat. Wie leicht ward sein Genie von seinem Schicksal getragen, und wie muß ich biss auf diese Minute noch kämpfen!*

Im Dezember 1788, er ist seit drei Wochen wieder in Weimar, wird Schiller von Christian Gottlob Voigt (Minister im Herzogtum Sachsen-Weimar und Eisenach) gefragt, ob er bereit sei, in Jena eine unbesoldete Professur für Geschichte zu übernehmen. Schiller sagt zu, da er eine baldige Bezahlung für derartige Leistung erhofft. Zunächst aber muss er zur Kenntnis nehmen, dass der Erwerb eines Magisterdiploms 60 Taler kostet. Immerhin: Am 21. Januar 1789 ernennt ihn der Weimarer Hof zum Professor (die 60 Taler haben offenbar die bisher nur unzulänglichen Geschichtskenntnisse Schillers, die er für jede Vorlesung fleißig erarbeiten muss, ausgeglichen). Im März sucht Schiller sich Wohnung in Jena. Dort stellt sich heraus, dass eigentlich eine Philosophenstelle besetzt werden muss. Ende März bittet er den Jenaer Dekan der philosophischen Fakultät um Erteilung des Doktortitels. Er bekommt ihn wenige Tage später. Am 26. Mai hält der frisch ernannte Professor Doktor Friedrich Schiller seine Antrittsvorlesung unter dem Titel *Was heißt und zu welchem Ende studiert man Universalgeschichte*; es ist eine einstündige Ausführung zum Thema der Divergenzen zwischen philosophischem Denker und alltäglichem Brotgelehrten. Die Antrittsvorlesung von 18 bis 19 Uhr lockt so viele Studenten an, dass sie in Jenas größtes Auditorium verlegt werden muss.

Zu jener Zeit hat ihm sein Dresdener Freund Körner die Hochzeit mit der reichen Tochter eines sächsischen Beamten (es handelt sich um Karoline Schmidt) vorgeschlagen, um Schillers Schuldenlast auf derartige Weise zu beseitigen (der Dichter ohne nennenswerten Gewinn hat gerade in diesen Monaten hohe Leipziger Anleihen dringend zurückzuzahlen). Nach dem Jenaer Erfolgserlebnis lehnt der neu ernannte Professor Doktor diese Idee aber endgültig ab; offenbar ist er zuversichtlich, mit seiner festen Universitätsanstellung schon bald zu einer ansehnlichen und regelmäßigen Bezahlung zu gelangen. Bis dahin soll ihm sein Roman *Der Geisterseher*, der zunächst stückweise in der Literaturzeitschrift *Thalia* erschien und im Herbst 1789 als Buchausgabe herauskommt, überbrückende Einträge erbringen. Inhaltlich wird sein Abstand zu diesem Romanprojekt freilich immer größer. An Körner schreibt er: *Der GEISTERSEHER wird schlecht – schlecht, ich kann nicht helfen. Es gibt wenige Beschäftigungen, die Korrespondenz mit dem Fräulein von Arnim ausgenommen, bei der ich mir eines sündlichen Zeitaufwands so bewußt war als bei dieser Schmiererei. Aber bezahlt wird es* [...] Tatsächlich erreicht dieses Fragment, als es im Buchdruck erscheint, mehr Leser als alle übrigen Schiller-Werke zusammen. Dennoch reichen die Gewinne nicht aus, seine Schulden zu bezahlen. So richtet sich seine Hoffnung vor allem auf einen finanziellen Erfolg an der Universität.

Erst später, es ist bereits im Herbst, als er mit privatimen Vorlesungen beginnt, stellt Schiller fest, wie wenig Studenten im Alltag bei ihm erscheinen und wie angespannt seine finanzielle Lage weiterhin bleibt.

VIII.

»erwarte nun alle Tage auf eine Vocation«
Ein Herzog stirbt und
Schiller entscheidet sich für eine Ehefrau

Zur durchaus bewegten Zeit wird nun auch die Geschichte von Schillers Eheschließung. Am 2. August 1789 besucht er die Lengefeldschen Schwestern in Lauchstädt, die dort auf Badereise sind. Im Verlauf einer Aussprache macht Caroline ihm, der noch immer zwischen beiden schwankt, Aussichten auf die Hand ihrer Schwester. Schiller ist wohl überrascht und vermag sich gegenüber Charlotte noch nicht zu erklären. Er reist am folgenden Morgen nach dem nahen Leipzig und bittet von dort aus Charlotte schriftlich um die Ehe.

Am 5. August gibt seine Auserwählte ihr briefliches Ja-Wort. Zwei Tage später kommen die Schwestern nach Leipzig. Man beschließt, die Verlobung bis zur Sicherung von Schillers ökonomischer Existenz vor der Schwiegermutter geheim zu halten. Sechs Tage später schreibt Charlotte ihm von Lauchstädt: »Ich muß Ihnen ein Wort sagen. Sie fehlen mir so sehr, und es macht mir wohl, Sie sehn zu laßen, daß ich Ihrer eben in diesen Momente dachte. Es ist mir so sonderbar zu Muthe wenn ich denke was alles hier unter uns vorgefallen ist, ich ahndete es nicht! Und noch oft ists mir wie ein traum, daß ich nun weiß, daß Sie mich lieben, daß Sie es nun klar fühlen können, wie meine Seele in der Ihrigen nur lebt.«

Mitte September begibt sich Schiller zu einem einmonatigen Ferienaufenthalt nach Rudolstadt und Volkstedt. Gegenüber Frau von Lengefeld bleibt das Verlöbnis weiterhin geheim. In dieser Zeit erhält er einen Brief der Charlotte von Kalb, die inzwischen hofft, die Lösung ihrer eigenen Ehe zu erzielen und damit frei zu werden: für Schiller. Es kommt zu Krisen im Verhältnis zu den Lengefeldschen Schwestern. Schiller behauptet, noch immer gleichstarke Neigungen zu beiden zu empfinden. Ende Oktober kehrt er nach Jena zurück. Am 15. November endlich teilt er Charlotte von Lengefeld mit, dass seine Neigung zu ihr überwiege. Vier Wochen später enthüllen dann Charlotte und Caroline von Erfurt her der Mutter das Geheimnis der Verlobung. Am 18. Dezember wirbt Schiller brieflich bei Frau von Lengefeld um Charlotte. Vier Tage später erhält er ihre Zusage.

Schillers ökonomische Situation ist noch immer äußerst unzulänglich. Inzwischen hat er sich an einem Lyzeum in Frankfurt am Main als philosophischer Professor beworben – und wurde abgelehnt. Dem Bruder des Mannheimer Intendanten, Karl Theodor von Dalberg, zu dieser Zeit Statthalter in Erfurt, teilt er seine Bitte mit, ihn an der Mainzer Universität unterzubringen. Dalberg verweist ihn an den Mainzer Kurfürsten; er selbst habe darauf keinen Einfluss.

Am 10. Februar 1790 werden sich Charlotte von Lengefeld und Charlotte von Kalb in Weimar auf einer Gesellschaft bei Charlotte von Stein begegnen. Auf die überraschende Nachricht von Schillers Verlobung hin verliert Charlotte von Kalb alle Contenance. Sie bricht seelisch zusammen und gebärdet sich »wie ein rasender Mensch, bei dem der Paroxysmus vorüber ist, so erschöpft, so zerstört«. Charlotte von Lengefeld beschreibt dies am folgenden Tag in einem Brief: »Du hast keinen Begriff, wie sie aussieht und thut. [...] sie klagt über den Kopf, sie saß unter uns, wie eine Erscheinung aus einen andern Planeten, und als gehörte sie gar nicht zu uns. – Ich fürchte wirklich für ihren Verstand.« – Einige Jahre später wird sich Charlotte von Kalb mit all ihrer Liebe dem nächsten Autor zuwenden: Es ist der Romanschriftsteller Jean Paul. Am 12. Juni 1796 beschreibt jener die erste Begegnung mit ihr: »Sie hat zwei grosse Dinge; grosse Augen, wie ich noch keine sah, und eine grosse Seele. Sie spricht gerade so wie Herder in den Briefen der Humanität schreibt.« Bereits im folgenden Jahr hat sich seine Haltung ihr gegenüber gründlich gewandelt. Da schreibt er an sie: »Ich werde bald nach Weimar gehen, nur auf kurze Zeit, aber ich wünsche gar nicht, Sie da zu sehen oder vielmehr dort zu sein, wenn Sie hinkommen. Denn ich verspreche mir und Ihnen kein Vergnügen an diesem Orte.«

Im Juli 1804 gibt Charlotte von Kalb (deren schwer kranker Mann inzwischen verstorben ist) ihren verschuldeten Wohnsitz im fränkischen Waltershausen auf. Ihr wird von der preußischen Prinzessin eine gastfreie Aufnahme gewährt. In ihrem letzten Brief vom Januar 1821 heißt es: »[…] notwendig ist mir besondere Pflege und Stille. Nur selten kann ich einige Stunden das Bett verlassen.« 1843 wird sie in Berlin versterben.

Frau von Lengefeld hat für die Hochzeit ihrer Tochter Charlotte mit dem nichtfeudalen Friedrich Schiller eine Ernennung als Hofrat am Meininger Hof zur Bedingung gemacht. Das ist ein formales Papier, das dem Ernannten keinerlei Vorteile bringt, aber immerhin den Titel. Schiller erhält das am 2. Januar 1790 in Meiningen ausgestellte Hofratsdiplom am 13. dieses Monats. Drei Tage später kann er es den Lengefeldschen Schwestern triumphierend vorzeigen.

Ebenfalls Anfang dieses Jahres gewährt der Weimarer Herzog dem mittellosen Verlobten der Charlotte von Lengefeld auf dringliche Bitte durch die Mutter der Braut um festes Einkommen ein Jahresgehalt von 200 Talern.

Am 22. Februar des gleichen Jahres findet die Hochzeit zwischen Charlotte von Lengefeld und Friedrich Schiller statt. Es wird ein überaus stilles Unternehmen in dem Dorf Wenigenjena, an dem nur Charlottes Mutter und Schwester Caroline teilnehmen. Die frisch Verheirateten wohnen in Jena; Schiller geht zum Arbeiten in sein Gartenhaus. Charlotte ist von eher stillem Wesen; sie liest gern und schreibt auch eigene Gedichte. Vor allem aber erledigt sie Hilfsarbeiten für Friedrich, ihren Mann. Schiller ist nicht eben zärtlich zu ihr; häufig soll er sie laut, höhnisch oder kritisch anreden. Caroline von Dacheröden, die Braut des Gelehrten Wilhelm von Humboldt, ist enttäuscht vom kleinbürgerlichen Verhältnis zwischen den beiden Schillers. Über Charlotte schreibt sie: »[…] es wird mir wohl und weh, wenn ich sie neben Schiller sehe.« Und später heißt es: »Er sagte sogar, wie er sich überzeugt hätte, daß er mit Carolinen nicht so glücklich gelebt haben würde wie mit Lottchen, sie würden einer an den andern zu viele Forderungen gemacht haben.«

Charlotte, die nach der Geburt der Kinder immer ausschließlicher mit Haushaltsproblemen beschäftigt sein wird, weiß immerhin über die Arbeitsmethodik ihres Mannes zu berichten, dass er vom Geruch angefaulter Äpfel fruchtbar inspiriert werde.

Unmittelbar am Anfang des Jahres 1791 erkrankt Schiller äußerst schwer: Es ist die Krankheit, die ihn für den Rest seines Lebens begleiten wird, eine kruppöse Pneumonie, eine chronische Lungen- und Rippenfellentzündung. An manchen Tagen fühlt er sich erleichtert; dann wieder verschlimmert sich der Zustand zu extremsten Krisen. Anfang Mai notiert er über seinen dritten und bisher schwersten Anfall: *ein fürchterlicher krampfhafter Zufall mit Erstikungen, so daß ich nicht anders glaubte, als ob es mein letztes wäre.* Zwei Tage später ereilt ihn ein

noch schlimmerer Anfall; Schiller hat seine Stimme verloren und schreibt schriftliche Abschiede an seine Familie. Wenige Tage danach verbreitet sich in Thüringen das
Gerücht, Schiller sei bereits verstorben. Kurz darauf
wird diese Nachricht in einer norddeutschen Zeitung
abgedruckt. Und schon bald löst diese Botschaft in
Dänemark eine starke Betroffenheit aus. Aber betrachten wir zunächst das dortige Interesse an dem deutschen
Dichter.

In Jena hat Schiller 1790 den dänischen Schriftsteller
Jens Imanuel Baggesen kennen gelernt, der ihn als
hochbegabten Dichter und Dozenten zu schätzen gelernt hat. Und er hat diese Begegnung zu Hause sehr
positiv geschildert.

Als sich in Dänemark herumspricht, dass Schiller
gestorben sei, beginnt man mit der Vorbereitung einer
Totenfeier für ihn. Doch als dann die Nachricht kommt,
dass er noch lebe, aber seine Krankheit ihn so ein-
schränke, dass er nicht die nötigen Mittel zum eigenen
Lebensunterhalt erwerben könne, bieten ihm der dänische Herzog Friedrich Christian von Schleswig-Holstein-Augustenburg und der dänische Finanzminister
Ernst Heinrich Graf von Schimmelmann ein dreijähri-
ges Stipendium von jährlich 1000 Talern an (später wird
diese Unterstützung auf fünf Jahre verlängert). Doch
Schillers Arbeitsfähigkeit bleibt stark eingeschränkt:
Neun Monate nach Krankheitsausbruch vermag er täglich nur zwei bis drei Stunden zu arbeiten, später werden

es vier bis fünf Stunden sein, in denen er sich wieder auf Lesen oder Schreiben konzentrieren kann. An ein hinreichendes Geldverdienen ist unter den eingeschränkten Möglichkeiten nicht zu denken.

Angesichts solcher Umstände hilft das großzügige Stipendium aus Dänemark nicht bloß bei der Überwindung der schweren Erkrankung, sondern es bietet von 1791 bis Ende 1796 dem Dichter, der sich in diesen fünf Jahren mit ganz anderen beruflichen Plänen herumschlägt, eine ökonomische Grundlage, ohne dass er sich arbeitsmäßig bereits vollkommen festlegen muss. Schiller schreibt als Gegenleistung für diese Hilfe an den Augustenburger Herzog die Briefe *Über die ästhetische Erziehung des Menschen*, die er später zur öffentlichen Publikation umarbeiten wird. Sein Hauptthema in diesen Texten ist die Unmöglichkeit des einfachen Menschen, unter den herrschenden Gesellschaftsstrukturen eine persönliche Freiheit zu erlangen. Er schlägt also vor, an diese Stelle wenigstens den »schönen Schein« in der Kunst, also vor allem in der Literatur, zu setzen. Dadurch sollen im einfachen Menschen allmählich höhere Ziele und Kräfte entwickelt werden. Die deutschen Sozialisten, vor allem Friedrich Engels, werden später diese Schillersche Theorie als einen überschwänglichen Idealismus kritisieren.

1793 unternimmt Schiller, befördert durch das Stipendium aus Dänemark, eine ausgedehnte Reise in die schwäbische Heimat. Sie ist von mehrfachen Zwecken bestimmt. Natürlich will er den Eltern seine inzwischen hochschwangere Frau vorstellen – zweifellos voller Besitzerstolz, schließlich hat er in eine adelige Familie eingeheiratet! Und die hochintelligente und standesbewusste Schwägerin Caroline ist von Bad Cannstatt, wo sie gebadet hat, hergekommen, um Wilhelm von Wolzogen (der ihr künftiger Mann werden soll) nahe zu sein; für Schiller gehört sie jetzt zum repräsentativen Reisegepäck. Daneben aber will er vor allem herausfinden, welche Aussichten sich ihm für eine endgültige Rückkehr in die Heimat bieten; es geht also vor allem um die Frage, ob ihm Schwaben eine gesicherte Existenz bieten könnte.

Zuerst macht er in Heilbronn Station, das als freie Reichsstadt Sicherheit bietet, und er verschickt Briefe; hier findet auch das erste Wiedersehen mit seiner Familie statt. Ende August richtet er eine vorsichtige Anfrage an Herzog Carl Eugen, ob ihm die Einreise ins Württembergische erlaubt werde: Er möchte ins nahe gelegene Ludwigsburg umziehen. Darauf erhält Schiller keine Antwort. Der vermutliche Grund: Carl Eugen weilt zu dieser Zeit am Rhein. Schiller zieht nun dennoch nach Ludwigsburg. Der Herzog lässt ausstreuen, dass er Schillers Anwesenheit zu ignorieren gedenke. Was bedeuten diese Vorgänge?

Da Schiller auch ohne herzogliche Genehmigung nach Ludwigsburg zieht, noch dazu mit seiner hochschwangeren Gattin, ist anzunehmen, dass er eine herzogliche Verfolgung gar nicht mehr befürchtet. Warum dennoch diese offiziöse Anfrage? Ist sie nicht in Wahrheit eine chiffrierte Botschaft an den Landesherrn: Sieh her, der verlorene Sohn ist heimgekehrt – schlachte ein Lamm, aber lass uns feiern!

Schiller hat durchaus Grund für die Annahme, dass der Herzog ihm inzwischen nicht bloß seine Flucht aus Stuttgart verziehen habe, sondern für ihn auch Verwendung in einem höheren Amt finden könnte. Schließlich hat Carl Eugen zu keiner Zeit die rechtlich durchaus denkbare Verfolgung des desertierten Regimentsarztes Friedrich Schiller angeordnet; auch auf Amtshilfe bei benachbarten Fürsten hat er völlig verzichtet. Selbst Schillers Familie ist zu keiner Zeit durch den Herzog behelligt worden, obwohl die Eltern beim Eintritt in die Carlsschule einen Revers unterschrieben, der den Sohn auf unbegrenzte Zeit dem herzoglichen Dienst übereignet hat.

Friedrich Schiller kann sich inzwischen zugute halten, Professor im Dienste des Carl August von Sachsen-Weimar zu sein, der mit dem württembergischen Herzog befreundet ist. Warum sollte Carl Eugen nicht den eigenen Zögling, der aus der Stuttgarter Carlsschule hervorging, in Gnaden aufnehmen und entsprechend dessen nachgewiesener Befähigung in Württemberg verwenden?

Am 8. September 1793 trifft Schiller mit Frau, Schwester Elisabeth und Schwägerin Caroline in Ludwigsburg ein, wo sechs Tage später sein erster Sohn geboren wird.

Er heißt Karl Friedrich Ludwig. (Die folgenden Kinder werden Ernst Friedrich Wilhelm, geboren am 11. Juli 1796, Karoline Henriette Luise, geboren am 11. Oktober 1799, und Emilie Henriette Luise, geboren am 25. Juli 1804, sein.) In diesen Monaten hat Schiller täglich Umgang mit seinem Jugendfreund Friedrich Wilhelm von Hoven, der sich als praktischer Arzt in Ludwigsburg niedergelassen hat. Der Freund behandelt den häufig kränkelnden Schiller und er steht dessen Frau bei der ersten Niederkunft als Geburtshelfer bei.

Von Hoven, über den Schiller schreibt: *Mit ihm habe ich von meinem 13ten Jahr biß fast zum 21. alle Epochen des Geistes gemeinschaftlich durchwandert,* begegnet einem veränderten Jugendfreund. »Er war ein ganz anderer Mann geworden; sein jugendliches Feuer war gemildert, er hatte weit mehr Anstand in seinem Betragen, an die Stelle seiner vormaligen Nachlässigkeit in seinem Anzug war eine anständige Eleganz getreten, und seine hagere Gestalt, sein blasses kränkliches Aussehen vollendeten das Interesse seines Anblicks bei mir und Allen, die ihn vorher näher gekannt hatten.«

Schon bald nach Schillers Eintreffen in Schwaben erkrankt der württembergische Herzog. Dann kursiert das Gerücht, es bestünde keine Hoffnung mehr auf Genesung. Und tatsächlich: Am 24. Oktober 1793 stirbt Herzog Carl Eugen.

Von Hoven beschreibt in seiner Autobiographie Schillers Reaktion auf diese Ereignisse: »Während Schillers Anwesenheit in Ludwigsburg starb der Herzog Carl. Als einem Fremden, der mit dem Herzog in gar keiner Verbindung mehr stand, hätte Schiller dieser Todesfall ziemlich gleichgültig sein können. Aber Dankbarkeit gegen seinen Erzieher und Achtung für einen durch so viele große Eigenschaften sich auszeichnenden Fürsten erregten seine wärmste Teilnahme an diesem für sein Vaterland so wichtigen Ereignis. Ich sah ihn bei der Nachricht, daß der Herzog krank und seine Krankheit lebensgefährlich sei, erblassen, hörte ihn den Verlust, welchen das Vaterland durch dessen Tod erleiden würde, in den rührendsten Ausdrücken beklagen, und die Nachricht von dem wirklich erfolgten Tode des Herzogs erfüllte ihn mit einer Trauer, als wenn er die Nachricht von dem Tod eines Freundes erhalten hätte.«

In der Nacht nach Carl Eugens Ableben in Hohenheim wird der Sarg nach Ludwigsburg überführt. Schiller erlebt den Trauerzug als Augenzeuge. Wahrscheinlich nimmt er auch an der Trauerfeier in der Ludwigsburger Schlosskapelle teil. Wilhelm von Hoven notiert als Schillers Äußerung über Carl Eugen: »Er hatte große Fehler als Regent, größere als Mensch; aber die erstern wurden von seinen großen Eigenschaften überwogen.«

Schiller trifft in der Heimat mit einigen seiner Schulfreunde zusammen, die es alle »zu etwas gebracht« haben. Johann Rudolf Zumsteeg war Hofmusikus und Carlsschullehrer, er hat seit 1792 die Leitung der Stuttgarter Oper inne. Johann Heinrich von Dannecker ist

Professor für Bildhauerei, nachdem ihm Carl Eugen Studienreisen nach Rom und Paris finanziert hat. Er wird später Direktor der neuen Kunstschule sein. Carl Philipp Conz hat sich als Lyriker, Dramatiker und Übersetzer hervorgetan; er versieht verschiedene Pfarrämter und wird bald als Professor für alte Literatur an die Universität Tübingen berufen. Johann Christoph Friedrich Haug ist es schließlich zu danken, dass Schiller während seines Aufenthaltes in Schwaben Kontakt mit dem Verleger Johann Friedrich Freiherr von Cotta aufnehmen kann. Sie alle wurden mehr oder weniger durch den Herzog gefördert. Diese Hoffnung hat sich für Schiller mit dem Tod Carl Eugens endgültig zerschlagen. Erst von nun an muss er sich für immer als heimatlos betrachten.

Schiller will das zunächst noch nicht wahrhaben. Anfang März 1794 reist er mit von Hoven nach Tübingen. Er trifft mit Professor Abel zusammen, einst Schillers Lieblingslehrer auf der Carlsschule, der jetzt Professor für Philosophie in Tübingen ist. Schillers mögliche Berufung an die dortige Universität wird erörtert. Es kommt aber zu keiner festen Verabredung. Mitte März übersiedelt Schiller mit Frau und Säugling nach Stuttgart.

Er verhandelt dort mit dem Verleger Cotta über die Publikation seiner Anmerkungen zu griechischen Tragikern und erhält einen Vorschuss auf diese Arbeit. Anfang Mai unternimmt Cotta einen Ausflug mit Friedrich Schiller. Auf dem Rosenstein über Bad Cannstatt kommt es zur Erörterung des Planes einer politischen Jahreszeitung, deren Redaktion Schiller leiten soll. Mit dieser Verabredung trennt man sich. Cotta wird künftig zum wichtigsten Verleger für Friedrich Schiller werden, auch wenn der nicht alle Verabredungen einzuhalten vermag. Jedenfalls gelingt es dem Dichter, seinen Leipziger Verleger Göschen (der täglich sechzehn Stunden gegen den drohenden Bankrott arbeitet) höchst unfein gegen Cotta auszuspielen. Am 11. September 1795 wird ihm Cotta nach Jena schreiben: »Überhaupt rechne ich darauf, daß Sie in jedem Fall annemen, offene Casse bei mir zu haben, ohne die mindeste Rüksicht.«

Am 6. Mai 1794 tritt Schiller, im Ganzen schwer enttäuscht, mit Frau und Kind die Rückreise nach Jena an. Außerdem hat er die schwäbische Kinderfrau Christina Wetzel engagiert. Schon kurz nach seiner Ankunft im Saaletal teilt er Cotta brieflich mit, dass er von der vereinbarten Redaktion jener politischen Zeitung zurücktrete. An Abel schreibt er, hinsichtlich der Tübinger Erwägungen, am 3. April 1795: *Das Resultat meiner Ueberlegungen ist, daß ich beßer thue, in meinen bißherigen Verhältnissen zu bleiben, vorzüglich deßwegen, weil es gar keinen Anschein hat, daß ich, meiner Gesundheits Umstände wegen, demjenigen würde entsprechen können, was man von einem academischen Lehrer mit Recht erwartet, und was ich in einem solchen Falle mir selbst zur Pflicht machen würde.*

Was mag Schiller ursprünglich erwartet haben, als er sich zur Reise nach Schwaben entschloss? Am

*Schillers Eltern Johann Caspar Schiller und Elisabetha Dorothea
Schiller, geb. Kodweiß. Gemälde von Ludovike Simanowiz
(1759–1827), 1793*

*Schiller um 1780.
Ölbild, Jakob Friedrich Weckherlin
(1761–1815) zugeschrieben*

*Schiller in der Mannheimer Zeit.
Unvollendetes Ölporträt von unbekannter Hand*

*Charlotte von Kalb.
Ölgemälde von J. H. Schmidt, 1785*

Schiller-Büste vor der Universität in Jena mit einem Zitat aus der Antrittsvorlesung

*Die Schwestern Caroline Freifrau von Beulwitz,
geb. von Lengefeld, und Charlotte
mit ihrer Mutter Louise von Lengefeld*

*Das Goethe-Schiller-Denkmal (1857)
von Ernst Rietschel vor dem Nationaltheater in Weimar*

Illustration zu „Don Carlos", 5. Akt, 3. Auftritt:
Der Tod des Marquis von Posa. Kupferstich von Franz Ludwig Catel
(1778–1856), gest. von Amadeus Wenzel Böhm (1769–1823)

11. Dezember 1788 hatte er an Charlotte von Lengefeld über die Berliner *Carlos*-Aufführung berichtet: *Die Scene des Marquis mit dem König soll gut gespielt worden, und Seiner Majestät dem dicken Schwein sehr ans Herz gegangen seyn. Ich erwarte nun alle Tage auf eine Vocation nach Berlin, um Herzbergs Stelle zu übernehmen und den preußischen Staat zu regieren.*

So ironisch das zunächst auch klingen mag – es korrespondiert in auffälliger Weise mit Schillers hinter allen Verstellungen immer wieder aufscheinender Absicht, Minister zu werden. Mit diesem Ziel hat er sich einst von Andreas Streicher verabschiedet; diesem Plan war der ganze *Fiesko* gewidmet, mit dem er seine Eignung für das Hofamt unter Beweis stellen wollte, ähnlich wie es einst Christoph Martin Wieland mit seinem aufklärerischen Erziehungsroman *Der goldene Spiegel oder die Könige von Scheschian* in Weimar gelungen war, der dadurch vom unglücklichen Dozenten an der Erfurter Universität zum lebenslang bezahlten Prinzenerzieher am weimarischen Hof avanciert hatte.

Kein Zweifel: Der Herzog Carl Eugen hatte einst in Schiller Hoffnungen gesetzt. Schließlich war er beim Abgang von der Carlsschule der einzige von fünf Jahrgangsabsolventen, den der Herzog mit einem Gehalt angestellt hatte, obwohl es an der Qualifizierung mangelte. Nun hatte Schiller offenbar vorgehabt, seine nachgeholten Leistungen in Schwaben vorzuführen und daraufhin dort entsprechend eingesetzt zu werden.

Aber: Der Plan war gescheitert, Carl Eugen inzwischen verstorben. Nun blieb ihm keine Wahl – er musste ganz neue Lebenspläne fassen.

Während Schiller noch in Württemberg weilte, war in Jena Johann Gottlieb Fichte zum Professor der Philosophie berufen worden. Im Mai 1794 hat er Schiller als »ersten, geliebtesten und berühmtesten Profeßoren in Jena« in Stuttgart besucht. Als Schiller wieder in Jena weilt, wird sein Verhältnis zu Fichte ein zurückhaltendes. Grund ist vor allem Fichtes zorniges Aufbegehren gegen unterdrückte Geistesfreiheit (wegen seiner radikalen republikanischen Ansichten wird Fichte 1799 sein Lehramt aufgeben müssen). Schiller bevorzugt eine diplomatischere Haltung und Rücksichtnahme gegenüber Konventionen.

Am 4. August 1795 schreibt er an Fichte: *Unabhängig von dem, was um mich herum gemeynt und geliebkost wird, folge ich bloß dem Zwang entweder meiner Natur oder meiner Vernunft, und da ich nie Versuchung gefühlt habe, eine Schule zu gründen oder Jünger um mich her zu versammeln, so hat diese Verfahrungsart keine Ueberwindung gekostet […] und wenn ich […] nicht gleichgültig seyn kann, ob mich ein großes oder kleines Publikum kauft, so habe ich mich wenigstens auf dem einzigen Wege darum beworben, der meiner Individualität und meinem Charakter entspricht – nicht dadurch, daß ich mir durch Anschmiegung an den Geist der Zeit das Publikum zu gewinnen, sondern dadurch, daß ich es durch die lebhafte und kühne Vorstellung meiner Vorstellungsart zu überraschen, anzuspannen und zu erschüttern suchte. Daß ein Schriftsteller,*

*welcher diesen Weg geht, nicht der Liebling seines Publikums
werden kann, ligt in der Natur der Sache, denn man liebt nur
was einen in Freyheit setzt, nicht was einen anspannt; aber er
erhält dafür die Genugthuung, daß er von der Armseligkeit
gehaßt, von der Eitelkeit beneidet, von Gemüthern, die eines
Schwunges fähig sind, mit Begeisterung ergriffen und von
knechtischen Seelen mit Furcht und Zittern angebetet wird.*

Damit beschreibt Schiller theoretisch den entschiede-
nen Wandel, der sich von nun an in seinem Werk voll-
ziehen wird. Und er beschreibt sein Verständnis dieser
grundlegenden Veränderung.

Schiller bekommt im Jahre 1798 in Jena (das bedeutet
jahrelange Verspätung, denn die Urkunde wurde am
26. August 1792 ausgestellt) ein Ehrenbürgerdiplom der
Französischen Revolution übersandt. Das gehört nun
zweifellos zu den entscheidenden Missverständnissen in
seinem Leben. Selbst Wilhelm von Hoven beschreibt
seine eigene geistige Haltung zu den Entwicklungen in
Paris im extremen Gegensatz zu denen des Friedrich
Schiller: »Ich habe […] von dem großen Interesse
gesprochen, welches ich sowie die meisten meiner jungen Freunde an der Französischen Revolution genommen. Allerdings hat sich dieses Interesse um vieles ver-
mindert, seit ich mit Schillers Ansicht der Revolution
bekannt worden.« Und an anderer Stelle heißt es: »Von
dem französischen Freiheitswesen, für welches ich mich
so sehr interessierte, war Schiller kein Freund. Die schö-

nen Aussichten in eine glücklichere Zukunft fand er nicht. Er hielt die Französische Revolution lediglich für die natürliche Folge der schlechten französischen Regierung, der Üppigkeit des Hofes und der Großen, der Demoralisation des französischen Volks und für das Werk unzufriedener, ehrgeiziger und leidenschaftlicher Menschen, welche die Lage der Dinge zur Erreichung ihrer egoistischen Zwecke benutzten, nicht für ein Werk der Weisheit.«

Doch als Schiller überraschend das unerwartete Ehrendiplom in Händen hält, bedankt er sich überaus zustimmend bei dem Übermittler (es ist Joachim Heinrich Campe, Schulrat und Buchhändler in Braunschweig): *Die Ehre, die mir durch das ertheilte fränkische Bürgerrecht widerfährt, kann ich durch nichts als meine Gesinnung verdienen, welche den Wahlspruch der Franken von Herzen adoptiert; und wenn unsre Mitbürger über dem Rhein diesem Wahlspruch immer gemäß handeln, so weiß ich keinen schöneren Titel, als einer der ihrigen zu seyn.*

Die nächsten Jahre in Jena werden vor allem von Schillers überaus enger Zusammenarbeit mit Wilhelm von Humboldt bestimmt werden, der eindeutig für diesen gründlichen Gedankenaustausch an die Saale gezogen ist. Im Jahre 1795 steht bereits in den *Horen*[*] zu lesen,

---

[*] Die von Schiller 1795 begründete und bis 1797 von ihm herausgegebene literarische Zeitschrift der Weimarer Klassik hatte ihren Namen nach den griechischen Göttinnen der Jahreszeiten.

was sich die beiden Nachdenker über die aktuelle Lage von Kunst und Gesellschaft miteinander so ausgedacht haben. Der umfangreiche Essay *Über naive und sentimentalische Dichtung* ist vor allem ein differenzierter Versuch, die künstlerische Moderne von den antiken Idealen zu unterscheiden und die unausrottbaren Gründe für diese entscheidenden Unterschiede nachzuweisen. Die beiden Begriffe differenziert Schiller so: *Der Dichter, sagte ich*, ist *entweder Natur, oder er wird sie* suchen. *Jenes macht den naiven, dieses den sentimentalischen Dichter.* Die sentimentalischen Dichter, so stellt Schiller es fest, sind von moderner Kultur geprägt, nicht von Erinnerungen an überlebte Wirklichkeit. *Vergleicht man […] die Arten selbst miteinander, so zeigt sich, daß das Ziel, zu welchem der Mensch durch Kultur strebt, demjenigen, welches er durch Natur erreicht, unendlich vorzuziehen ist. Der eine erhält also seinen Werth durch absolute Erreichung einer endlichen, der andre erlangt ihn durch Annäherung zu einer unendlichen Größe.*

Anhänger der überlebten Antikevorstellung, wie sie etwa Johann Joachim Winckelmann vertrat, ein Archäologe und Kunstschriftsteller, der vor allem mit seiner *Geschichte der Kunst des Altertums* (1764) die damalige Antikerezeption prägte, bezeichnet Schiller als naiv. Dies liest sich bei ihm so: *Dichter von dieser naiven Gattung sind in einem künstlichen Weltalter nicht mehr so recht an ihrer Stelle. Auch sind sie in demselben kaum mehr möglich.* Ohne dass er den Namen nennt – diese Argumentation geht in

125

Wahrheit gegen Goethe und gegen dessen poetisches Konzept. Goethe hat diesen Angriff sofort begriffen; aber er hat sich dagegen nicht öffentlich geäußert – zu wichtig war ihm in dieser Zeit das gemeinsam mit Schiller vertretene Konzept »Klassik«.

Und Schiller geht in der Beschreibung ihrer beiden Unterschiede noch sehr viel weiter. Naive Dichter erklärt er zu Realisten, sentimentalische sieht er als Idealisten. Und dann beschreibt er die typischen Verhaltensweisen: *Wenn daher der Realist in seinen politischen Tendenzen den* Wohlstand *bezweckt, gesetzt daß es auch von der moralischen Selbstständigkeit des Volks etwas kosten sollte, so wird der Idealist, selbst auf Gefahr des Wohlstandes, die* Freyheit *zu seinem Augenmerk machen. [...] Der Idealist wird die Mängel seines Systems mit seinem Individuum und seinem zeitlichen Zustand bezahlen, aber er achtet dieses Opfer nicht; der Realist büßt die Mängel des seinigen mit seiner persönlichen Würde, aber er erfährt nichts von diesem Opfer.*

Anlässe für derart unterschiedliche Grundhaltungen liegen, von heute her betrachtet, vermutlich in den so unterschiedlichen Biographien der beiden: Goethe hat, von frühem Zeitpunkt an, durch vielfältige politische und anfangs sehr hohe Funktionen am weimarischen Hof noch immer an eine Überwindung der gesellschaftlichen Krise durch Verweis auf antike Ideale glauben mögen. Für Schiller, der sehr früh und ganz endgültig am Stuttgarter Hof gescheitert ist, bedeutet die hoffnungslose Entfremdung des Künstlers in seiner Gesellschaft dagegen eine Grundsituation, aus der heraus er seine *sentimentalische* Kunsthaltung zu entwickeln hat. Er weist nach, dass die Reduzierung des einzelnen Menschen in dieser Gesellschaft auf ein Bruchstück seiner selbst das Elend der Gesellschaft befördert. Und er sucht nach einer durchaus widerspruchsvollen Gestalt von Kunst, die ihm die Chance einräumen soll, wieder zu seiner Gesamtheit zurückzufinden. Und zwar wenigstens in seiner Vorstellung. Darum also schreibt er von der Freiheit des Spiels, das Kunst immer sein müsse. Aber eben auch vom Ernst, der diesem Vorgang immer innezuwohnen habe.

Umso erstaunlicher bei diesen gravierenden Unterschieden ist die nach Schillers endgültiger Rückkehr aus Württemberg wirklich ganz unerwartet aufkommende Zusammenarbeit mit Goethe. Es ist ein Vorgang aus beidseitiger Not. Goethe hat nach seiner Rückkehr von der Italienreise mit großer Enttäuschung zur Kenntnis nehmen müssen, wie wenig sich inzwischen die deutsche Literaturgemeinde für sein neues Literaturkonzept interessiert. In einem Zusatz zur *Metamorphose der Pflanzen*, betitelt *Schicksal der Handschrift*, schreibt Goethe: »Aus Italien, dem formreichen, war ich in das gestaltlose Deutschland zurückgewiesen, heiteren Himmel mit einem düsteren zu vertauschen; die Freunde, statt mich zu trösten und wieder an sich zu ziehen, brachten mich zur Verzweiflung. Mein Entzücken über entfernteste, kaum bekannte Gegenstände, mein Leiden, meine Klagen über das Verlorne schien sie zu beleidigen, ich vermißte jede Theilnahme, niemand verstand meine Sprache.« Und in der *Campagne in Frankreich* wird zu lesen sein: »Man kann sich keinen isolirtern Menschen denken als ich damals war und lange Zeit blieb.«

Schiller mochte sich ähnlich drastisch nicht schriftlich festlegen; aber er hat viele Jahre vergeblich darauf gehofft, dass sich sein erster Erfolg mit dem Stück *Die Räuber* noch einmal irgendwo wiederhole, möglichst in Thüringen. Es geschah leider nicht.

In der intensiven geistigen Zusammenarbeit mit Humboldt entstehen neue ästhetische Kriterien, die aus der unzureichenden Gegenwart heraushelfen sollen. Schiller, dieser vom Lebenskampf so heftig gebeutelte Dichter, sieht nun nicht etwa noch in der Tragödie die höchste Dichtungsform, sondern die Komödie gilt ihm als höchster Grad von spielerischer Freiheit gegenüber allen Wechselfällen des Irdischen. Schon im Essay *Über naive und sentimentalische Dichtung* lässt sich darüber nachlesen: *Wenn also die Tragödie von einem wichtigern Punkt ausgeht, so muß man auf der andern Seite gestehen, daß die Comödie einem wichtigern Ziel entgegengeht, und sie würde, wenn sie es erreichte, alle Tragödie überflüssig und unmöglich machen. Ihr Ziel ist einerley mit dem höchsten, wornach der Mensch zu ringen hat, frey von Leidenschaft zu seyn, immer klar, immer ruhig um sich und in sich zu schauen, überall mehr Zufall als Schicksal zu finden und mehr über*

Ungereimtheit zu lachen als über Bosheit zu zürnen oder zu weinen.

Schillers Vorstellungen gehen dann freilich noch darüber hinaus; er formuliert sie im Schlussteil seines Essays: Alleräußerstes Gelingen wäre danach die *Dichtungsart* der Idylle, in der nach den Prinzipien der Vernunft und den Maßgaben der Schönheit vollkommen ausgebildete Wesen agieren. *Die poetische Darstellung unschuldiger und glücklicher Menschheit ist der allgemeine Begriff dieser Dichtungsart. Weil diese Unschuld und dieses Glück mit den künstlichen Verhältnissen der größern Societät und mit einem gewissen Grad von Ausbildung und Verfeinerung unverträglich schienen, so haben die Dichter den Schauplatz der Idylle aus dem Gedränge des bürgerlichen Lebens heraus in den einfachen Hirtenstand verlegt, und derselben ihre Stelle* vor dem Anfange der Kultur *in dem kindlichen Alter der Menschheit angewiesen. [...] Der Zweck selbst ist überall nur der, den Menschen im Stand der Unschuld, d.h. in einem Zustand der Harmonie und des Friedens mit sich selbst und von aussen darzustellen.*

Aber weder Schillers Materialfundus in der Historie noch die Erfahrungen aus seiner unmittelbaren Lebenswelt geben ihm hinlänglichen Stoff zu solch idealischer Gestaltung. Und selbst die Komödie bleibt für ihn bloß ein theoretischer Fall.

IX.

»welcher reichliche Stoff findet sich da!«

Schiller und Goethe erfinden die Klassik

Wilhelm von Humboldt schreibt in der *Vorerinnerung* zur Herausgabe seines Briefwechsels mit Schiller: »Mein näherer Umgang und mein Briefwechsel mit Schiller fallen in die Jahre 1794 bis 1797; vorher kannten wir uns wenig, nachher, wo ich mich meistentheils im Auslande aufhielt, schrieben wir uns seltener. Gerade der erwähnte Zeitraum war aber ohne Zweifel der bedeutendste in der Entwicklung Schillers. [...] Es war eine Krise, ein Wendepunkt, aber vielleicht der seltenste, den je ein Mensch in seinem geistigen Leben erfahren hat. [...] Den glücklichen Erfolg dieser Krise verdankte Schiller der Gediegenheit seiner Natur und der rastlosen Arbeit, mit der er auf den verschiedensten Wegen der einzigen Aufgabe nachstrebte, die reichste Lebendigkeit des Stoffs in die reinste Gesetzmäßigkeit der Kunst zu binden. Er bedurfte hierzu zugleich der schöpferischen und der beurtheilend formenden Kräfte, so sicher er aber seyn konnte, daß ihm die ersteren nie entstehen würden, so fanden sich doch in ihm Stunden, Tage des Zweifels, der Kleinmüthigkeit, ein scheinbares Schwanken zwischen Poesie und Philosophie, ein Mangel an Zuversicht auf seinen

Dichterberuf, wodurch jene Jahre zu einer so entscheidenden Epoche seines Lebens wurden. Denn Alles, was ihm in derselben das leichte Gelingen der dichterischen Arbeit erschwerte, erhöhte die Vollkommenheit der endlich zur Reife gediehenen.«

Seit dem Frühjahr 1794 ist Schiller aus Schwaben zurück. Hinter ihm liegt die schwere Erkrankung. Er wird sie bis ans Ende seines Lebens nie mehr völlig los. Es ist in Sachsen-Weimar die Zeit, in der er den Umgang mit Goethe beginnt. Was aber soll er jetzt schreiben? Außer den Briefen *Über die ästhetische Erziehung des Menschen*, mit denen er das dänische Stipendium erwidern wollte, liegt derzeit nichts vor. Seit 1790 hat er nicht mehr gedichtet. Seine Neigung zur Geschichte ist inzwischen erkaltet. Dafür drängt sich ein Interesse für die Philosophie in den Vordergrund. Irgendwo im Halbdämmer des noch nicht Bewussten geistern als mögliche Pläne *Die Malteser* und der *Wallenstein*. Zu dieser Zeit lebt Humboldt bereits in Jena – er hat sich unter anderem wegen Schiller hier angesiedelt. Und er wird 1794 und 1795 hier bleiben. Sie sehen sich täglich zweimal. Bis weit in die Nacht hinein gehen ihre Gespräche. Es wird Schillers intensivste geistige Partnerschaft.

»Schiller sprach nicht eigentlich schön. Aber sein Geist strebte immer nach Schärfe und Bestimmtheit einem neuen geistigen Gewinne zu, er beherrschte dies Streben und schwebte in vollkommener Freiheit über seinem Gegenstande. […] Das bloße, von keinem andren unmittelbaren Zweck, als dem des Wissens geleitete Studiren, das für den damit Vertrauten einen so unendlichen Reiz hat, daß man sich verwahren muß, dadurch nicht zu sehr von bestimmterer Tätigkeit abgehalten zu werden, kannte er nicht, und achtete es nicht genug. Das Wissen erschien ihm zu stoffartig, und die Kräfte des Geistes zu edel, um in dem Stoffe mehr zu sehen als ein Material zur Bearbeitung.« So schreibt es Humboldt beglückt auf. Und weiter: »Im ersten Jahre seiner Rückkehr nach Jena beschäftigten ihn noch ausschließlich die ästhetischen Briefe und gelegentliche historische Arbeiten. Dann blühte die Poesie zuerst nur in kleineren lyrischen und erzählenden Gedichten ihm auf, und die Philosophie näherte sich in den Abhandlungen *Über naive und sentimentalische Dichtung* in mehr leichter und heiterer Form der nun schon herrschend werdenden Arbeit der Phantasie. Endlich begann der *Wallenstein*. So trat Schiller, wie ein leichteres, ihm eigenthümlicheres Element, in die leuchtende dichterische Periode seiner letzten Jahre.«

Im Prolog zum *Wallenstein* hat Schiller die Neuheit seiner dramatischen Ästhetik angekündigt:

Die neue Ära, die der Kunst Thaliens
Auf dieser Bühne heut beginnt, macht auch
Den Dichter kühn, die alte Bahn verlassend,
Euch aus des Bürgerlebens engem Kreis
Auf einen höhern Schauplatz zu versetzen,
Nicht unwert des erhabenen Moments

Der Zeit, in dem wir strebend uns bewegen.
Denn nur der große Gegenstand vermag
Den tiefen Grund der Menschheit aufzuregen,
Im engen Kreis verengert sich der Sinn,
Es wächst der Mensch mit seinen größern Zwecken.

Und jetzt an des Jahrhunderts ernstem Ende
Wo selbst die Wirklichkeit zur Dichtung wird,
Wo wir den Kampf gewaltiger Naturen
Um ein bedeutend Ziel vor Augen sehn,
Und um der Menschheit große Gegenstände,
Um Herrschaft und um Freiheit wird gerungen,
Jetzt darf die Kunst auf ihrer Schattenbühne
Auch höhern Flug versuchen, ja sie muß,
Soll nicht des Lebens Bühne sie beschämen.

In der Vorrede, die zur Wiedereröffnung der Weimarer
Hofbühne gesprochen wird, lesen wir weiter:

Noch einmal laßt des Dichters Phantasie
Die düstre Zeit an euch vorüberführen,
Und blicket froher in die Gegenwart
Und in der Zukunft hoffnungsreiche Ferne.

Die Idee zum *Wallenstein* hat Schiller seit 1791 beschäftigt. Sechs Jahre später, er ist in die intensive Arbeit an
diesem Plan eingetreten, schreibt er seinem sächsischen
Freund Körner: [...] *mit einer sauren Arbeit muss ich den*

133

Leichtsinn büßen, der mich bei der Wahl geleitet hat. Du glaubst nicht, was es einem armen Schelm von Poeten, in meiner abgeschiedenen, von allem Weltlauf getrennten Lage kostet, eine solche fremdartige und wilde Masse zu bewegen und eine so dürre Staatsaction in eine Menschliche Handlung umzuschaffen.

Dieser ästhetische Vorgang (*eine so dürre Staatsaction in eine Menschliche Handlung umzuschaffen*) ist Schillers neue dramatische Absicht; und sie gelingt ihm. Ein Jahr später schreibt Goethe in einer Rezension: »[...] die große Breite des zu bearbeitenden Stoffes setzte den Verfasser gar bald in die Nothwendigkeit, seine Darstellung nicht als ein einziges Stück, sondern als einen Cyclus von Stücken zu denken. Hier war nicht von der Geschichte eines einzelnen Mannes oder von Verflechtung einer beschränkten Begebenheit die Rede, sondern das Verhältniß großer Massen war aufzuführen.«

Im Jahre 1799 vollendet Schiller dieses große *Dramatische Gedicht in einem Vorspiel und zwei Teilen*. Die einzelnen Teile benennt er *Wallensteins Lager, Die Piccolomini* und *Wallensteins Tod*. So differenziert wie noch kein anderes Stückprojekt gestaltet diese Trilogie den Widerspruch zwischen dem persönlichen Ehrgeiz des Helden und den gesellschaftlichen Notwendigkeiten innerhalb des Dreißigjährigen Krieges. Im Unterschied zu seinen Freunden und Feinden begreift Wallenstein diesen eigenen Konflikt nicht. Noch im dritten Teil, *Wallensteins Tod*, behauptet er pathetisch:

Ich fühls, daß ich der Mann des Schicksals bin,
Und hoffs mit eurer Hilfe zu vollführen.

Bald darauf stirbt Wallenstein von der Hand eines seiner aus plebejischer Herkunft aufgestiegenen Soldaten; ein Umstand, den Schiller als Folge ungelöster Widersprüche behandelt.

Kehren wir aber noch einmal zu den eindrucksvollen Ergebnissen der Zusammenarbeit mit Wilhelm von Humboldt zurück. *Über naive und sentimentalische Dichtung*, dieser heterogene und spröde erscheinende Text, ist Schillers wichtigster Beitrag zur Poetik. Er wäre ohne die intensive Partnerschaft mit Wilhelm von Humboldt nicht denkbar. Es ist die ausformulierte und publizierte Theorie einer modernen Dichtung; der Text ist nicht etwa, wie vielfach vermutet, im brieflichen »Ideen-Wechsel« mit Goethe entstanden, sondern es ist Schillers Reflex auf diesen. Gedanklich wie sprachlich wird er eindeutig im engen Dialog mit Wilhelm von Humboldt erarbeitet.

Am 21. März 1796 schreibt Schiller an den aus beruflichen Gründen wieder abgereisten Partner: *Vordem habe ich, wie im Posa und Carlos, die fehlende Wahrheit durch schöne Idealität zu ersetzen gesucht, hier im Wallenstein will ich es probieren, und durch die bloße Wahrheit die fehlende Idealität (die sentimentalische nämlich) entschädigen. Die Aufgabe wird dadurch schwerer und folglich auch interessanter daß der eigentliche Realism den Erfolg nöthig hat, den der idealistische Cha-*

racter entbehren kann. Unglücklicher Weise aber hat Wallenstein
den Erfolg gegen sich, und nun erfodert es Geschicklichkeit, ihn
auf der gehörigen Höhe zu erhalten. Seine Unternehmung ist
moralisch schlecht, und sie verunglückt physisch. Er ist im Ein-
zelnen nie groß, und im Ganzen kommt er um seinen Zweck.
Er berechnet alles auf die Wirkung, und diese mißlingt. Er kann
sich nicht, wie der Idealist, in sich selbst einhüllen und sich über
die Materie erheben, sondern er will die Materie sich unterwer-
fen, und erreicht es nicht. Sie sehen daraus, was für delicate und
verfängliche Aufgaben zu lösen sind, aber mir ist dafür nicht
bange. Ich habe die Sache von einer Seite angefaßt, von der sie
sich behandeln läßt.

Mit unverblümten Worten beschreibt Schiller seine frühe
Haltung gegenüber Goethe; aus der persönlichen Erfahrung beim ersten Weimar-Aufenthalt kann er genü-
gend Gründe dazu anführen. *Oefters um Goethe zu sein,*
würde mich unglücklich machen: er hat auch gegen seine nächs-
ten Freunde kein Moment der Ergießung, er ist an nichts zu
fassen; ich glaube in der That, er ist ein Egoist in ungewöhnli-
chem Grade. Er besitzt das Talent, die Menschen zu fesseln,
und durch kleine sowohl als große Attentionen sich verbindlich
zu machen; aber sich selbst weiß er immer frei zu behalten. Er
macht seine Existenz wohlthätig kund, aber nur wie ein Gott,
ohne sich selbst zu geben – dies scheint mir eine consequente
und planmäßige Handlungsart, die ganz auf den höchsten
Genuß der Eigenliebe calculirt ist. Ein solches Wesen sollten die
Menschen nicht um sich herum aufkommen lassen. Mir ist er

dadurch verhaßt [...] Dennoch: Schon in der Ablehnung gibt es das Eingeständnis der Bewunderung, wenn auch kaschiert. Schillers Text wandelt sich jedenfalls an dieser Stelle: *Mir ist er dadurch verhaßt, ob ich gleich seinen Geist von ganzem Herzen liebe und groß von ihm denke. Ich betrachte ihn wie eine stolze Prude, der man ein Kind machen muß, um sie vor der Welt zu demüthigen* [...].

In den neunziger Jahren entsteht überraschend (und vermutlich völlig unvorbereitet) eine Zusammenarbeit zwischen den beiden, die bis dahin niemand in Weimar oder Jena erwartet haben kann. Was sind die Gründe? Der Literaturwissenschaftler Reiner Wild schreibt über die Motive von Goethe und Schiller, in den neunziger Jahren solch ein Unternehmen wie das »Projekt Klassik« zu beginnen, dass sich dahinter vor allem eine Geschäftsidee verberge. Anlässe für diesen Plan haben beide. Als Goethe von seiner langen Italienreise zurückgekehrt ist, erscheint endlich die achtbändige Ausgabe seiner gesammelten Werke. Dem noch vor wenigen Jahren in ganz Deutschland populären Dichter gelingt es kaum, noch 300 Exemplare zu verkaufen. In Weimar sind ihm ganze zwei Leser verblieben: Frau von Stein (seine vormalige Geliebte) und der Herzog Carl August (sein Mäzen). Und Schiller, der nach den *Räubern*, nach *Fiesko*, *Kabale* und *Don Carlos* die dramatische Dichtung abgebrochen hat, lebt fünf Jahre lang vorwiegend vom dänischen Stipendium; die Literatur wird auch für ihn bislang kaum zum Geschäft.

Dennoch kommt diese Zusammenarbeit sehr überraschend, da Goethe nach seiner Rückkehr aus Italien Friedrich Schiller zunächst rigoros abgelehnt hat. Er betont die »ungeheuere Kluft zwischen unsern Denkweisen«. Er resümiert: »An keine Vereinigung war zu denken.«

Es muss tatsächlich ihrer beider persönliche Enttäuschung über das geringe literarische Interesse der deutschen Öffentlichkeit gewesen sein, dass sie, trotz der genannten Unterschiede, sich zum gemeinsamen »Projekt Klassik« zu bewegen vermochten.

Die gegenseitige Annäherung kommt sehr plötzlich und erscheint äußerlich wenig begründet. Schiller schreibt am 13. Juni 1794, nach seiner erfolglosen Rückkehr aus Württemberg, um Mitarbeiter für seine geplante Zeitschrift *Horen* zu gewinnen, unter anderen auch Goethe an. Elf Tage später schickt der ihm überraschend eine Zusage. Im folgenden Monat findet in Jena eine Sitzung der »Naturforschenden Gesellschaft« statt. Goethe und Schiller nehmen daran teil. Im Anschluss bleiben sie zu einem intimen Gespräch zusammen. An diesem Abend einigen sie sich, trotz aller erkennbaren Gegensätze, auf ein Zusammenwirken mit verteilten Rollen. Wie das verläuft, ist bis heute nicht nachzuweisen.

Reiner Wild schreibt 1999: »Bei der Frage, was diese Zusammenarbeit letztlich möglich machte und sie begründete, bleibt denn auch ein Rest des Nichterklärbaren und Unableitbaren; insofern war das Zusammentreffen der beiden im Sommer 1794 durchaus ein, wie Goethe es genannt hat, ›glückliches Ereignis‹.«

Und wie betrachtet es Schiller? Am 31. August 1794 schreibt er an Goethe: *Erwarten Sie bey mir keinen großen materialen Reichthum von Ideen; dieß ist es, was ich bey Ihnen finden werde. [...] Sie bestreben sich, Ihre große Ideenwelt zu simplificieren, ich suche Varietät für meine kleinen Besitzungen. Sie haben ein Königreich zu regieren, ich habe nur eine etwas zahlreiche Familie von Begriffen, die ich herzlich gern zu einer kleinen Welt erweitern möchte.*

Ab Januar 1795 ist Goethe Mitautor an Schillers Zeitschrift *Horen*, deren Idee in Württemberg (bei dem Verleger Cotta) geboren wurde; bis Ende 1798 veröffentlicht Goethe auch fleißig im *Musen-Almanach* mit (im August 1794 hat Schiller mit dem Verleger Salomon Heinrich Karl August Michaelis aus Neustrelitz einen Vertrag über die Herausgabe dieser Zeitschrift abgeschlossen; er erhält dafür jährlich 300 Reichstaler). Während Schiller sich bei der Darstellung seines ästhetischen Programms auf Erfahrungen des nachrevolutionären Europa bezieht, konzentriert sich Goethe auf die poetische Darstellung größerer, geradezu weltgeschichtlicher Realitäten. Es sind also zwei durchaus unterschiedliche Ansätze, deren dramatische Spannungen zum wichtigen Gegenstand von Schillers Zeitschriften werden. Wild schreibt darüber: »Das Medium dieser Inszenierung sind die beiden Zeitschriften Schillers; sie bilden die Bühne, auf der beide in der Öffentlichkeit

139

auftreten. Für die literarische Öffentlichkeit wird so die Zusammenarbeit von Goethe und Schiller zunächst in den Medien sichtbar, und insofern war die Weimarer Klassik anfänglich auch ein Medienereignis.«

Schon bald, also im Jahre 1795, stellen jedoch die beiden Klassik-»Unternehmer« fest, dass die literarische Öffentlichkeit nicht hinlänglich auf ihre Inszenierung in den *Horen* reagiert oder aber vorwiegend ablehnend. Als Schiller es wagt, aus Goethes »anrüchigem« Gedichtzyklus *Römische Elegien** zweiundzwanzig Texte abzudrucken, wird Johann Gottfried Herder, Philosoph und Generalsuperintendent in Sachsen-Weimar und Eisenach, vorschlagen, die Literaturzeitschrift *Horen* in »Huren« umzubenennen.

Als Antwort auf das mangelnde öffentliche Interesse verfassen die beiden Autoren gemeinsam die *Xenien*, eine Sammlung satirischer Zweizeiler, die sich nun (unterschiedlich aggressiv) gegen die ignorierende oder kritisierende literarische Szene richten. Goethe beschreibt seine Aggressivität, die vor allem aus den Angriffen gegen die *Horen* resultiert, ganz ungeniert: »Ich denke gegen Rezensenten, Journalisten, Magazinsammler und Kompendienschreiber sehr frank zu Werke zu gehen und mich darüber, in einer Vor- oder Nachrede, gegen das Publikum unbewunden zu erklären und be-

---

* *Römische Elegien:* erotische Gedichte, die an Goethes Italienreise erinnern und seine Liebesbeziehung zu Christiane Vulpius verarbeiten.

sonders in diesem Falle keinem seine Renitenz und Retizenz passieren [zu] lassen.«

Schiller antwortet auf Goethes Haltung schnell und ganz positiv: *Der Gedanke mit den Xenien ist prächtig und muß ausgeführt werden.* Und wie er das ganz praktisch als Zeitschriftenherausgeber sieht, fügt er gleich bei: *Ich denke aber, wenn wir das hundert voll machen wollen, werden wir auch über einzelne Werke herfallen müssen, und welcher reichliche Stoff findet sich da!*

Gemeinsam verfertigen die beiden eine hohe Anzahl ihrer bissigen Zweizeiler (etwa 675 Texte sind erhalten). Doch am Ende sind beide unglücklich über die Zusammenstellung. Schiller schreibt 1796 an Goethe: *Die erste Idee der Xenien war eigentlich eine fröhliche Posse, ein Schabernack auf den Moment berechnet und war auch so ganz recht. Nachher regte sich ein gewisser Überfluß und der Trieb zersprengte das Gefäß.*

Dennoch finden sich in den *Xenien* zahlreiche plastische Aussagen darüber, worum es bei dem »Projekt Klassik« geht. Hier ein Beispiel. Der Berliner Schriftsteller und Buchhändler Christoph Friedrich Nicolai gibt seit dreißig Jahren die *Allgemeine deutsche Bibliothek* heraus, eine Zeitschrift, die zu den wichtigsten Blättern der Spätaufklärung gehört. Lessing und Moses Mendelssohn sind seine langjährigen Mitarbeiter. Gegen ihn schreiben die beiden »Klassiker«:

Nicolai

Nicolai reiset noch immer, noch lang wird er reisen,
  Aber ins Land der Vernunft findet er nimmer den Weg.

Angriffe wie in diesen zwei Versen sind selbst für intelligente Zeitgenossen nicht leicht zu begreifen: Zu gut und zu ehrenhaft sind die Texte und Absichten der drei aufklärerischen Männer Lessing, Mendelssohn und Nicolai, die seit Jahrzehnten erfolgreich zusammenarbeiten (etwas, das zumindest zeitlich dem *Xenien*-Dichter Schiller in seiner ganzen Biographie nicht annähernd gelungen ist). Es hilft auch nicht, solche Derbheiten einfach Goethe zuzuschreiben. In einem Brief an Wilhelm von Humboldt besteht Schiller auf der mit Goethe vereinbarten gemeinsamen Urheberschaft an diesen skandalösen Texten: *Es ist auch zwischen Goethe und mir förmlich beschlossen, unsre Eigentumsrechte an die einzelnen Epigrammen niemals auseinander zu setzen, sondern es in Ewigkeit auf sich beruhen zu lassen.*

Reiner Wild schreibt 1999: »Die Distichen [Zweizeiler] sind die Inszenierung eines Gerichts über alle, die Goethe und Schiller nicht folgen wollen. Darin sind sie wie die Periodika Schillers, die *Horen* und der *Musen-Almanach*, deren Mißerfolg ihr Anlaß war, Teil der Literaturpolitik, mit der Goethe und Schiller ihre Positionen in der literarischen Öffentlichkeit durchsetzen wollten. Dabei nahmen sie die Möglichkeit, Anstoß bei den Zeitgenossen zu erregen, und damit den Skandal bewußt in Kauf; es kann durchaus von einer Inszenierung des Skandals gesprochen werden.«

Das eigentliche Problem dieser gemeinsamen Veröffentlichungen beginnt bereits dabei, dass man nicht zugleich »Goethe und Schiller« folgen kann. Zu konträr sind und bleiben ihre literarischen Vorstellungen. Es geht am Ende also doch vorrangig um ihren literarischen Erfolg.

Dieser stellt sich freilich nicht ein. Die Kritisierten setzen sich zur Wehr; sie schreiben ähnliche Verse gegen die »Sudelköche in Jena und Weimar« (damit sind Schiller und Goethe gemeint), offenbar nicht ohne Erfolg. Schillers Periodika *Horen* und *Musen-Almanach* verbleiben im Zustand des Misserfolgs und verschwinden nach wenigen Jahren aus der Literaturszene.

Im schon erwähnten Brief vom März 1796 benennt Schiller dann auch den Einfluss Goethes auf sein Realismus-Konzept: *Es ist erstaunlich, wieviel realistisches schon die zunehmenden Jahre mit sich bringen, wieviel der anhaltendere Umgang mit Göthen und das Studium der Alten, die ich erst nach dem* Carlos *habe kennenlernen, bey mir nach und nach entwickelt hat. Daß ich auf dem Wege, den ich nun einschlage, in Göthens Gebiet gerate und mich mit ihm werde messen müssen, ist freilich wahr, auch ist es ausgemacht, daß ich hierinn neben ihm verlieren werde. Weil mir aber auch etwas übrigbleibt, was Mein ist und Er nie erreichen kann, so wird sein Vorzug mir und meinem Produkt keinen Schaden thun, und ich hoffe, daß die Rechnung sich ziemlich heben soll. Man wird uns, wie ich in meinen muthvollesten Augenblicken mir verspreche, verschieden specifizieren, aber unsere Arten einander nicht unterordnen sondern unter einem höhern idealischen Gattungsbegriffe einander coordinieren.*

Zu einer weiteren spannungsvollen Begegnung kommt es in Jena zwischen Friedrich Schiller und dem Lyriker und Epiker Friedrich Hölderlin. Der hat Anfang Dezember 1793 sein theologisches Studium am Tübinger Stift mit dem Konsistorialexamen beendet. Dank einer bewährten Mischung aus demütiger Observanz und Beharrlichkeit betreffs seines Dichtertums erringt er die Erlaubnis seiner Mutter, nicht sofort ein Kirchenamt zu übernehmen, wie es sein Studienabschluss vorsieht, sondern einstweilen als Hauslehrer in begüterten Familien zu dienen. – Vorausgegangen ist ein Besuch bei Schiller in Ludwigsburg. Dieser hat Unterstützung zugesagt und ihn als Hofmeister an Charlotte von Kalb empfohlen.

Inzwischen ist deren Zusage eingetroffen; Ende Dezember 1793 macht sich Hölderlin auf den Weg nach Waltershausen in Unterfranken, um dort den elfjährigen Sohn Fritz der Frau von Kalb täglich zu unterrichten. Neben seiner Pflichtarbeit sitzt er vor allem an seinem Roman *Hyperion oder Der Eremit in Griechenland.* An den Freund Neuffer schreibt er: »Mich beschäftigt jetzt beinahe einzig mein Roman. Ich meine jetzt mehr Einheit im Plane zu haben; auch dünkt mir das Ganze tiefer in den Menschen hinein zu gehen.« – Aber schon nach wenigen Monaten hat sich Hölderlins Situation in Waltershausen kompliziert; am 9. Dezember 1794 schreibt Charlotte von Kalb an Schiller: »[…] seine Empfindlichkeit ist gränzenlos – und mann meynt würklich daß eine Verworrenheit des Verstandes diesem betragen zu grunde liegt.« Der wirkliche Grund dafür ist, dass Hölderlin die Gesellschafterin der Majorin von Kalb, die blutjunge Witwe Wilhelmine Kirms, geschwängert hat. Sie wird von der Majorin nach Meiningen geschickt; Hölderlin weilt unterdessen mit dem Knaben Fritz in Jena.

Dort trifft er wieder mit Schiller zusammen. Der nennt ihn seinen *liebsten Schwaben* und fordert ihn auf, Beiträge für die *Horen* zu liefern. Außerdem setzt er sich für die Drucklegung des *Hyperion* ein. *Sie sagten mir neulich von einer kleinen Arbeit, die Sie fertig hätten und mir zeigen wollten. Da ich dieser Tage das lezte Stück der* Thalia *schließe, und für einige Blätter noch Raum darinn übrig ist, so ist es Ihnen vielleicht nicht unangenehm, diesen Raum zu besetzen. Aber es müßte zwischen Morgen und Uebermorgen seyn, weil das Stück diese Woche zu Ende geht.*

Bei Schiller in Jena findet Anfang November 1794 auch Hölderlins erste Begegnung mit Goethe statt, die freilich nicht glücklich verläuft, weil der junge Dichter nur seinen schwäbischen Landsmann anhimmelt und den berühmten Goethe gar nicht erkennt.

Im Januar 1795 kündigt Charlotte von Kalb dem Hauslehrer Hölderlin. Als Ende Mai in Jena Studentenunruhen ausbrechen, verlässt er fluchtartig die Stadt und kehrt zur Mutter nach Schwaben zurück. Von dort schreibt er an Schiller: »Ich wußte wohl, daß ich mich nicht, ohne meinem Innern merklichen Abbruch zu tun, aus Ihrer Nähe würde entfernen können. Ich erfahr es jetzt mit jedem Tag lebendiger.« Er beschreibt auch die Widersprüchlichkeit ihrer Beziehung: »Ich war immer in Versuchung, Sie zu sehen, und sah Sie immer nur, um zu fühlen, daß ich Ihnen nichts sein konnte.« Aber nicht das ist die eigentliche Botschaft seines Schreibens, sondern sein Wunsch, den abgerissenen Kontakt wieder aufzunehmen: »Nur alle Monate möcht ich zu Ihnen und mich bereichern auf Jahre. Ich suche übrigens mit dem, was ich von Ihnen mitnahm, gut hauszuhalten und zu wuchern. Ich lebe sehr einsam und glaube, daß es mir gut ist.« Schiller lässt ihn länger als ein Jahr auf Antwort warten. Hölderlin schreibt ihm: »Haben Sie mich aufgegeben? [...] Ich bin verlegen, skrupulös über jedes Wort.« Aber er schickt ihm neue Gedichte.

Im Juni 1797 trifft sich Schiller mit Goethe und spricht mit ihm auch über einige der neuen Hölderlin-Texte. Überspannt und subjektivistisch – so lautet ihr Ergebnis. Es ist von Goethe formuliert, aber Schiller übernimmt es.

Noch im Juni 1801 schreibt Hölderlin einen letzten brieflichen Hilferuf an Schiller: »Sie werden es nicht verschmähen, durch Ihre Teilnahme an meinem Lebensgange ein Licht zu leihen, weil ich doch sonst nicht, auf eine eitle Art, ihm eine Bedeutung zu geben suche, die er nicht hat. Sie erfreuen ein ganzes Volk und sehen das wohl selten. So mag es Ihnen nicht ganz unwert erscheinen, in einem, der Sie ganz ehrt, eine neue Lebensfreude, die von Ihnen kam, aufgehen zu sehen. Ich würde viel, sehr vieles vergessen in dem Augenblicke, wo ich Sie wiedersehen und mit der Ehrfurcht grüßen könnte, mit der ich Ihnen zum ersten Male begegnete. Wahrhaft der Ihrige Hölderlin.«

Auf diesen Brief wird Schiller nicht mehr antworten. Hat er seinen *liebsten Schwaben* abgeschrieben? Oder weiß er, dass er ihm in seinem »Lebensgange« nicht beistehen kann?

Schon als Dreißigjähriger hat Schiller den Schwestern Lengefeld eingestanden: *Ich bin wie einer, der an eine fremde Küste verschlagen worden und die Sprache des Landes nicht versteht.*

Und 1803, schon gegen Ende seines Lebens, schreibt er an Humboldt: *Es ist jetzt ein so kläglicher Zustand in der ganzen Poesie, der Deutschen und der Ausländer, daß alle Liebe und aller Glaube dazu gehört, um noch an ein Weiterstreben zu denken und auf eine bessere Zeit zu hoffen. [...] An ein Zusammenhalten zu einem guten Zweck ist nicht zu denken, jeder steht für sich und muß sich seiner Haut wie im Naturstande wehren.*

X.

»der Pfeil ist abgedrückt, er fliegt!«
Für immer in Weimar

Zehn Jahre nach dem zweiten Verhältnis mit Charlotte
von Kalb, das damals nicht am Rhein, sondern im mitt-
leren Ilmtal stattfand, macht Schiller einen zweiten
Ansiedlungsversuch in Weimar. Diesmal ist er mit
Goethe vertraut. Schiller ist von mäzenatischer Unterstützung abhängig. 1798 ist Jean Paul in die Ilmprovinz
übergesiedelt, 1799 darf endlich auch Schiller kommen.
Zunächst wohnt er mit seiner Familie in der Windischengasse 8, in jener Wohnung, die zuvor Charlotte
von Kalb bewohnt hatte. Da er auch in dieser Enge nur
ungünstig arbeiten kann, zieht er sich zu intensiven
Schaffensphasen ins Jenaer Gartenhaus oder nach Ober-
weimar, mitunter sogar ins Schloss Ettersburg zurück.
Diese familienferne Arbeitssituation behält er auch später bei. (Bereits im Mai 1795 hat Schillers Verleger Cotta
einen Blitzableiter für das Jenaer Gartenhäuschen spen-
diert – offenbar will er damit sein eigenes Kapital schüt-
zen.)

Im Herbst 1799 hat Schiller dafür zu sorgen, dass der
Musen-Almanach für das Jahr 1800 auf einen hinlänglichen
Umfang kommt (eigentlich wollte er die Produktion

dieses Almanachs mit dem Jahr 1798 beenden, aber inzwischen merkt er, dass er die Entlohnung durch Cotta – es sind immerhin pro Ausgabe 300 Gulden – auch 1799 dringend gebrauchen kann). Amalie von Imhoffs Epos *Die Schwestern von Lesbos*, durch Goethe bearbeitet, reicht nicht aus, das Blatt zu gestalten. Jetzt muss also Schiller als Herausgeber selber ran, noch etwas Seitenfüllendes zu liefern.

Ich werde nun in meiner dramatischen Arbeit eine Zeitlang pausieren müssen, wenn noch an den Almanach gedacht werden soll. Dies schreibt er am 3. September an Goethe. Seine ernsthafte Arbeit am *Lied von der Glocke* beginnt erst Ende September; am 29. September erhält die Jenaer Druckerei das fertige Manuskript.

Es beginnt mit den Versen:

Fest gemauert in der Erden,
Steht die Form, aus Lehm gebrannt.
Heute muß die Glocke werden,
Frisch, Gesellen, seyd zur Hand.
   Von der Stirne heiß
   Rinnen muß der Schweiß,
Soll das Werk den Meister loben,
Doch der Segen kommt von oben.

Zum Werke, das wir ernst bereiten,
Geziemt sich wohl ein ernstes Wort;

149

Wenn gute Reden sie begleiten,
Dann fließt die Arbeit munter fort.
So laßt uns jezt mit Fleiß betrachten,
Was durch die schwache Kraft entspringt,
Den schlechten Mann muß man verachten,
Der nie bedacht, was er vollbringt.
Das ist's ja, was den Menschen zieret,
Und dazu ward ihm der Verstand,
Daß er im innern Herzen spüret,
Was er erschafft mit seiner Hand.

Im Oktober beschreibt Caroline Schlegel, Ehefrau des romantischen Schriftstellers August Wilhelm Schlegel, die Begegnung mit dem neuen *Musen-Almanach*: »Schillers Musencalender ist auch da, das Gedicht von der Imhoff eben weiter nicht viel als ein Rudel Hexameter, aber über ein Gedicht von Schiller, das *Lied von der Glocke*, sind wir gestern Mittag fast von den Stühlen gefallen vor Lachen, es ist a la Voss, a la Tiek, a la Teufel, wenigstens um des Teufels zu werden.«

Umso bemerkenswerter wird es sein, welche Rolle dem Glocken-Gedicht in der Rezeption durch andere Zeiten und Systeme zugeschrieben wird! Und es wird sehr verräterisch sein, welcher Aspekt des Textes für welche Idee herhalten muss!

Im Sommer 1801 fasst Schiller den Entschluss, gemeinsam mit Frau und Kindern zu einem längeren Aufenthalt in das Ostseebad Doberan zu reisen. Doch seine schwache Gesundheit, anhaltende Krämpfe und vermutlich auch finanzielle Engpässe zwingen ihn, diesen Plan wieder aufzugeben.

Immerhin: Von der Ansiedlung in Weimar bis zu seinem Tod wird er jedes Jahr ein neues Stück vorlegen: 1800 entsteht hier *Maria Stuart* und damit das erste Stück, das gewissermaßen in unmittelbarer Nähe des Herzogs geschrieben wird. Interesse an der Geschichte der schottischen Königin hatte Schiller bereits vor siebzehn Jahren, als er sich im Bauerbacher Exil aufhielt, durch literarische Anregung und Unterstützung des Bibliothekars Reinwald gefunden. Nach dem beruflichen Scheitern in Mannheim ist diese dramatische Idee dann durch Schillers vieljährige Theaterpause in Vergessenheit geraten. Jetzt aber taucht sie wieder in ihm auf – offenbar befördert durch die spätrevolutionären Ereignisse in Frankreich.

ZUM INHALT DES STÜCKES: England im Jahre 1587. Die englische Königin Elisabeth hält Maria, Königin von Schottland, gefangen. Maria hat aus ihrem Land fliehen müssen, weil sie von vielen als Mörderin ihres Gatten angesehen wird. Die unehelich geborene Elisabeth sieht in ihr eine Rivalin als Königin und als Frau. Sie lässt Maria vom höchsten Gericht ihres Landes zum Tode verurteilen.

Der junge Mortimer, verliebt in Maria, plant, sie mit Gewalt zu befreien. Maria setzt größere Hoffnung in Graf

Leicester, Elisabeths Günstling, der einst Maria geliebt hat. Lord Burleigh, Großschatzmeister von England, wünscht die baldige Vollstreckung des Todesurteils, damit die katholische und insgeheim den Thron beanspruchende Maria keine Gefahr mehr darstellt.

Graf Leicester, der Maria immer noch liebt, arrangiert eine Begegnung der beiden Königinnen und hofft, dadurch eine Begnadigung bewirken zu können. Doch als Maria, um Gnade bittend, von Elisabeth gedemütigt wird, nennt sie Elisabeth einen Bastard und sich selbst die rechtmäßige Königin.

Elisabeth unterzeichnet nun das Todesurteil und befiehlt Leicester und Burleigh, der Hinrichtung beizuwohnen. Sie händigt ihrem Staatssekretär das Urteil aus, jedoch ohne klare Anweisung. Lord Burleigh entreißt dem Staatssekretär das Urteil und lässt es vollstrecken. Graf Leicester bricht zusammen, als er die Geräusche der Enthauptung hört.

Um sich den Schein der Milde zu geben, lässt Elisabeth den »voreiligen« Staatssekretär verhaften und verbannt Burleigh. Da erfährt sie, dass ihr Günstling Graf Leicester sich nach Frankreich abgesetzt hat. Von allen Freunden verlassen, bleibt sie einsam auf ihrem Thron zurück.

Der authentische Konflikt zwischen der schottischen Königin Maria Stuart und der Königin Elisabeth von England wird bei Schiller in entscheidenden Momenten umgestaltet; er gerät damit zu einem widerspruchsvollen Vorgang: Elisabeth gewinnt an politischer und geschichtlicher Bedeutung, aber ihre menschliche Würde verliert sich dabei. Maria Stuart vollzieht das Gegenteil: Sie muss ihre bisherigen Machtansprüche preisgeben, doch ihre menschliche, moralische Leistung gewinnt an Bedeutung und Wert. Aus dieser Verkehrung menschlicher Würde entsteht für die protestantische Elisabeth der Druck, die katholische Maria Stuart im Jahre 1587 hinrichten zu lassen. Als sie auf die Nachricht wartet, dass ihr Befehl ausgeführt wurde, wird sie durch Unsicherheit hin- und hergerissen:

Noch niemand hier – Noch keine Botschaft – Will es
Nicht Abend werden? Steht die Sonne fest
In ihrem himmlischen Lauf? – Ich soll noch länger
Auf dieser Folter der Erwartung liegen.
– Ist es geschehen? Ist es nicht? – Mir graut
Vor beidem, und ich wage nicht zu fragen!
Graf Leicester zeigt sich nicht, auch Burleigh nicht,
Die ich ernannt, das Urteil zu vollstrecken.
Sind sie von London abgereist – Dann ists
Geschehn, der Pfeil ist abgedrückt, er fliegt,
Er trifft, er hat getroffen; gälts mein Reich,
Ich kann ihn nicht mehr halten – [...]

Im letzten Auftritt des fünften Aktes muss Elisabeth feststellen, dass sich ihre treuesten Freunde von ihr abgewandt haben. Der alte Graf Shrewsbury nennt ihr seine persönlichen Gründe:

Ich habe deinen edlern Teil
Nicht retten können. Lebe, herrsche glücklich!
Die Gegnerin ist tot. Du hast von nun an
Nichts mehr zu fürchten, brauchst nichts mehr zu achten.
(Geht ab)

Die Uraufführung findet am 14. Juni 1800 am Weimarer Hoftheater statt, obwohl Schiller erst sieben Tage zuvor den Text des fünften Aktes an die Schauspieler zu liefern vermochte. Die Premiere wird zu einem großen Erfolg; dennoch: Die unmittelbare Nähe des Herzogs ist nicht ohne Folgen geblieben. Die Beichtszene Maria Stuarts am Schluss des Stückes, in der dem Dramatiker (zu Unrecht) eine Verherrlichung des Katholizismus nachgesagt wurde, hat er auf herzogliche Anordnung entscheidend einstreichen müssen. Zwar hat Schiller dazu bemerkt: *Der einzige Vorwurf, der mich treffen kann, ist, daß ich den Unmündigen schon für mündig hielt.* Dem Zwang des Landesherren aber kann er sich nicht entziehen.

Noch ärger ergeht es Schiller mit seinem nächsten Stück. Es ist 1801 *Die Jungfrau von Orleans.* Herzog Carl August nennt als Grund für seine Ablehnung, dass die Schauspielerin (und von ihm geschwängerte Mätresse) Caroline Jagemann die Hauptrolle nicht mehr spielen könne. Dahinter aber verbirgt sich eine umfassende Abweisung des Stückes für sein Theater. Die Uraufführung geschieht schließlich in Leipzig.

Der Stoff ist der Zeit des hundertjährigen Krieges

zwischen Frankreich und England entnommen. Der französische König muss ein Bündnis mit Bauern und niederen Bürgern eingehen, um die Zersplitterung des Landes zu überwinden. Die Hirtin Johanna, die ihn zu dieser Haltung überredet, begründet das:

Verweigre nicht Gerechtigkeit und Gnade
Dem letzten deines Volks, denn von der Herde
Berief dir Gott die Retterin – du wirst
Ganz Frankreich sammeln unter deinen Zepter,
Der Ahn- und Stammherr großer Fürsten sein,
Die nach dir kommen, werden heller leuchten,
Als die dir auf dem Thron vorangegangen.
Dein Stamm wird blühn, so lang er sich die Liebe
Bewahrt im Herzen seines Volks, [...]

Zumindest jetzt wird deutlich, wie sehr Schillers intensive Beschäftigung mit der Geschichte, die ihm seit seinem Jenaer Anfang aufgedrängt wurde, zur Freiheit und Souveränität in der dramatischen Gestaltung historischer Stoffe geführt hat. An den Freund Körner schreibt er am 5. Januar 1801: *Schon der Stoff erhält mich warm; ich bin mit dem ganzen Herzen dabei und es fließt auch mehr aus dem Herzen als die vorigen Stücke, wo der Verstand mit dem Stoffe kämpfen mußte.*

In diesem Stück behandelt Schiller entschiedener als je zuvor (und auch als danach) seinen Text als *Spiel, das Kunst immer sein muß;* und zwar bei allem Ernst, der dieses Spiel bestimmt. Die spielerischen Mittel sind über-natürliche Erscheinungen und Zauberei, sind Wunder und geisterhafte Auftritte oder, wie am Ende des vierten Aktes, als ihr eigener Vater Johanna vorwirft, sie habe nur mit *des Teufels Kunst* siegen können, ein scheinbar den Vorwurf bestätigender Himmelsdonner.

Am Ende des Stückes wandelt Schiller den histo-rischen Vorgang; Johanna wird nicht hingerichtet, son-dern die von ernsthaften Absichten angetriebene und mit spielerischen Accessoires ausgeschmückte Heldin fällt im sieghaften Endkampf gegen die englischen Fein-de.

Die Leipziger Premiere findet am 11. September 1801 statt. Schiller nimmt daran nicht teil; er weilt zu dieser Zeit mit Frau und Schwägerin bei Körner in Dresden. Erst am 17. September, es findet die dritte Vorstellung statt, ist er im Leipziger Theater. Er wird pathetisch ge-feiert. Und genießt das. Drei Tage später kehrt er in das an der *Jungfrau von Orleans* uninteressierte Weimar zu-rück.

Ende Oktober bis Ende Dezember 1801 bearbeitet Schiller das Schauspiel *Turandot, Prinzessin von China* von Carlo Gozzi in der deutschen Prosaübersetzung von August Clemens Werthes, da er sich auf Grund sei-ner gesundheitlichen Probleme an eigener dramatischer Produktion gehindert fühlt.

Am 30. Januar 1802 findet die Uraufführung dieser Bearbeitung zu des weimarischen Herzogs Geburtstag statt. Sie erlangt wenig Erfolg. Schiller fühlt sich noch immer krank und kraftlos.

Erst im August 1802 beginnt er endlich mit der Arbeit an seinem neuen Stück *Die Braut von Messina*. Am 1. Februar des nächsten Jahres gilt ihm der neue Text als abgeschlossen.

Sechs Wochen später, am 19. März 1803, findet im Weimarer Hoftheater die Uraufführung der *Braut von Messina* statt. Als danach ein Jenaer Jugendlicher ein »Vivat« auf den Autor ausruft, verlangt Goethe vom Jenaer Stadtkommandanten die Verwarnung des begeisterten Zuschauers. So »gesittet« geht es zu in Weimar!

Hauptthema dieses Stückes sind verfeindete Brüder (ein ähnliches Thema wurde bereits in den *Räubern* verhandelt). Sie lieben das gleiche Mädchen, das aber auch ihre Schwester ist. Doch hinter diesem Konflikt wirkt die mächtige Gewaltherrschaft fremder Eindringlinge, die das eigentliche Unheil ins Land bringen und die tatsächlichen Feinde sind.

In einem Vorwort zum Trauerspiel hat Schiller eindringlich die Fähigkeiten des Publikums an Erkenntnis und Parteinahme geschildert:

Es ist nicht wahr, was man gewöhnlich behaupten hört, daß das Publikum die Kunst herabzieht; der Künstler zieht das Publikum herab, und zu allen Zeiten, wo die Kunst verfiel, ist sie durch die Künstler gefallen. Das Publikum braucht nichts als Empfänglichkeit, und diese besitzt es. Es tritt vor den Vor-

hang mit einem unbestimmten Verlangen, mit einem vielseitigen Vermögen. Zu dem Höchsten bringt es eine Fähigkeit mit, es erfreut sich an dem Verständigen und Rechten, und wenn es damit angefangen hat, sich mit dem Schlechten zu begnügen, so wird es zuverlässig damit aufhören, das Vortreffliche zu fodern, wenn man es ihm erst gegeben hat.

Der Dichter, hört man einwenden, hat gut, nach einem Ideal arbeiten, der Kunstrichter hat gut, nach Ideen urteilen; die bedingte, beschränkte, ausübende Kunst ruht auf dem Bedürfniß. Der Unternehmer will bestehen, der Schauspieler will sich zeigen, der Zuschauer will unterhalten und in Bewegung gesezt seyn. Das Vergnügen sucht er, und ist unzufrieden, wenn man ihm da eine Anstrengung zumuthet, wo er ein Spiel und eine Erhohlung erwartet.

Aber indem man das Theater ernsthafter behandelt, will man das Vergnügen des Zuschauers nicht aufheben, sondern veredeln. Es soll ein Spiel bleiben, aber ein poetisches. Alle Kunst ist der Freude gewidmet, und es giebt keine höhere und keine ernsthaftere Aufgabe, als die Menschen zu beglücken. Die rechte Kunst ist nur diese, welche den höchsten Genuß verschafft. Der höchste Genuß aber ist die Freiheit des Gemüths in dem lebendigen Spiel aller seiner Kräfte.

1804 entsteht schließlich der *Wilhelm Tell*. Friedrich Schiller ist übrigens nicht der einzige Autor, der sich für den Tell-Stoff interessiert. Goethe hatte bereits 1797 von seiner Reise in die Schweiz die Idee mitgebracht, aus dieser Geschichte, die Anfang des 14. Jahrhunderts handelt, ein Epos zu gestalten. Schließlich aber überlässt er das Thema Schiller, der Ende 1803 an Wilhelm von Wolzogen schreibt: *Ich arbeite an dem Wilhelm Tell, womit ich den Leuten den Kopf wieder warm zu machen denke. Sie sind auf solche Volksgegenstände ganz verteufelt erpicht.*

ZUM INHALT DES STÜCKES: Die Vögte des österreichischen Kaisers unterdrücken das Schweizer Volk mit brutalen Methoden wie Zwangsarbeit, Vergewaltigung, Brandstiftung und Tötung von Viehherden. Der Reichsvogt Geßler hat sich für seine Kantone Schwyz und Uri eine besondere Schikane ausgedacht. Auf dem Marktplatz von Altdorf lässt er eine Stange mit einem Hut darauf aufstellen. Jeder, der vorübergeht, muss den Hut mit entblößtem Haupt und mit Kniefall grüßen. Bei Unterlassung droht strengste Bestrafung.

In der Bevölkerung regt sich Widerstand gegen die Besatzer. Auf dem Rütli, einer Bergwiese oberhalb des Vierwaldstätter Sees, treffen sich Vertreter der drei Kantone Schwyz, Uri und Unterwalden und beschließen einen Aufstand, um die Loslösung von Österreich zu erreichen. Der gemeinsame Schwur *Wir wollen sein ein einzig Volk von Brüdern* macht sie zu »Eidgenossen«.

Wilhelm Tell, der nicht mit auf dem Rütli war, gerät in Altdorf in Streit mit dem Reichsvogt Geßler, weil er und sein Sohn den Hut auf der Stange nicht gegrüßt haben. Geßler will ihm jedoch das Leben schenken, wenn er es schafft, auf 80 Schritt Entfernung seinem Sohn mit der Armbrust einen Apfel vom Kopf zu schießen.

Tell schießt und trifft den Apfel. Als Geßler ihn fragt, weshalb Tell vor dem Schuss noch einen zweiten Pfeil zu sich genommen habe, sagt Tell, dass der für ihn, Geßler, bestimmt gewesen sei, falls er seinen Sohn getroffen hätte. Daraufhin wird Tell verhaftet. Auf dem Transport nach Küssnacht gerät das Schiff in einen Sturm und Tell gelingt die Flucht. Er lauert Geßler auf und erschießt ihn mit seinem Pfeil. Damit bricht der Aufstand im ganzen Land aus. Das Schweizer Volk stürmt die Schlösser und vertreibt die Besatzer.

Schiller verwandelt den historischen schweizerischen Vorgang, in dem sich störrische Hirten gegen das Bündnis gebildeter Stadtbürger mit dem fortschrittlichen Haus Österreich auflehnen, ins Gegenteil. Er formt daraus den Vorgang eines Volksaufstandes gegen fremde Unterdrückung. Im zweiten Akt sagt der Landmann Stauffacher, der den Kanton Schwyz vertritt:

Nein, eine Grenze hat Tyrannenmacht,
Wenn der Gedrückte nirgends Recht kann finden,
Wenn unerträglich wird die Last – greift er
Hinauf getrosten Mutes in den Himmel
Und holt herunter seine ewgen Rechte,
Die droben hangen unveräußerlich
Und unzerbrechlich, wie die Sterne selbst –
Der alte Urstand der Natur kehrt wieder,
Wo Mensch dem Menschen gegenüber steht –

Zum lezten Mittel, wenn kein andres mehr
Verfangen will, ist ihm das Schwert gegeben –
Der Güter höchstes dürfen wir verteid'gen
Gegen Gewalt – Wir stehn vor unser Land,
Wir stehn vor unsre Weiber, unsre Kinder!

Bereits am 18. Februar 1804 ist Schillers Arbeit am *Wilhelm Tell* abgeschlossen. Am 1. März findet die erste Leseprobe, am 8. März die erste szenische Probe am Weimarer Hoftheater statt. Die Uraufführung ist bereits neun Tage später. Das Stück dauert fünf Stunden; es wird zu Schillers größtem Publikumserfolg in Weimar.

Danach beginnt er die Arbeit an *Demetrius*, jenem Stück, mit dem Schiller seine frühere idealistische Geschichtsauffassung noch einmal und endgültig widerrufen will. Diese Absicht erwächst nun nicht etwa aus einem besonders fruchtbaren weimarischen Humus; sie hat sich in lang anhaltendem Prozess schon seit dem *Wallenstein* angekündigt. Der Stoff ist der russischen Historie entnommen (übrigens ist Schiller nicht der erste oder einzige unter den Zeitgenossen, der diesen Fall dramatisch verarbeitet; bereits 1792 ist in Jena eine Stückfassung entstanden, die Schiller von seinem Verehrer sogar persönlich zugeeignet wurde).

Um Macht zu erlangen, wird der ermordete Nachfahre eines Herrschers (Iwan des Schrecklichen) vom polnischen Hochadel zur Legende gemacht: Ein Mönch wird 1603 als falscher Demetrius ausgegeben, der nach Zar Godunows Tod den Moskauer Thron übernimmt. Doch schon bald wird dem Volk deutlich, dass der so Installierte in Wahrheit polnische Interessen vertritt. Deswegen formieren sich die russischen Feudalherren gegen ihn. Der Schuldige setzt seine Herrschaftsgier über die nicht vorhandene Legitimität. Persönliche Verantwortung für Wahrheit wird zum eigentlichen Zentrum des Textes.

Schiller spitzt in seinem Stück diese in Abweichung von der geschichtlichen Lage vollzogenen Ränke noch besonders zu: Sein falscher Held kennt am Anfang seine tatsächliche Herkunft nicht; er lernt sie erst im Prozess der Auseinandersetzung kennen. Da aber entschließt er sich zur Lüge, um seine Macht zu erhalten. Und hier weist Schillers Drama weit über den konkreten historischen Vorfall hinaus: Es wird zum Gleichnis für zahlreiche ähnliche Vorgänge in der großen Politik, wo Staatsmänner wider besseres Wissen handeln und ihr Volk um die Wahrheit betrügen.

Die letzten Verse, die Schiller noch kurz vor seinem Tod schreibt, sind die der Marfa aus *Demetrius*:

Er ist mein Sohn, ich will nicht daran zweifeln.
Die wilden Stämme selbst der freien Wüste
Bewaffnen sich für ihn, der stolze Pohle,
Der Palatinus, wagt die edle Tochter
An einer guten Sache reines Gold,

Und ich allein verwärf ihn, seine Mutter?
Und mich allein durchschauerte der Sturm
Der Freude nicht, der schwindelnd alle Herzen
Ergreift und in Erschütterung bringt die Erde?
Er ist mein Sohn, ich glaub an ihn, ich wills.
Ich fasse mit lebendigem Vertrauen
Die Rettung an, die mir der Himmel sendet!
   Er ists, er zieht mit Heereskraft heran,
Mich zu befreien, meine Schmach zu rächen!
Hört seine Trommeln! Seine Kriegstrompeten!
Ihr Völker, kommt von Morgen und Mittag,
Aus euren Steppen, euren ewgen Wäldern,
In allen Zungen, allen Trachten kommt!
Zäumet das Roß, das Rennthier, das Kameel!
Wie Flocken Schnees die der Arktur ergießet
Wie Meereswogen strömet zahllos her,
Und dränget euch zu eures Königs Fahnen!
O warum bin ich hier geengt, gebunden,
Beschränkt mit dem unendlichen Gefühl!
Du ewge Sonne, die den Erdenball
Umkreißt, sei du die Botin meiner Wünsche!
Du allverbreitet ungehemmte Luft,
Die schnell die weiteste Wanderung vollendet,
O trag ihm meine glühnde Sehnsucht zu!
Ich habe nichts als mein Gebet und Flehn,
Das schöpf ich flammend aus der tiefsten Seele,
Beflügelt send ichs in des Himmels Höhn,
Wie eine Heerschaar send ich dirs entgegen!

Der *Demetrius* bleibt wegen Schillers plötzlichem Tod ein Fragment. Aber auch der vorausgegangene große Erfolg des *Wilhelm Tell* bedeutet nicht etwa, dass Schillers Stücke inzwischen den weimarischen Spielplan beherrschen.

Der mit Abstand erfolgreichste Dramatiker der Epoche ist der in Weimar geborene und zeitweilig dort lebende August von Kotzebue. Dessen Œuvre umfasst etwa 230 Unterhaltungsstücke, die in vielen europäischen Ländern mit Erfolg aufgeführt werden. Sein Ehebruchsdrama *Menschenhass und Reue* setzt sich sogar in New York durch. Der Theaterdirektor Goethe kann nicht umhin, mehr als 90 dieser Trivialstücke an seinem Hoftheater aufführen zu lassen, obwohl Kotzebue keine Gelegenheit auslässt, in seiner Zeitschrift *Der Freimütige* gegen Goethe und das klassische Kunstkonzept zu polemisieren. Alle Bemühungen um ästhetische Erziehung haben in Weimar in der Öffentlichkeit wenig gefruchtet – man liebt das Triviale, im Ort wie im Hof.

Diese Misere betrifft übrigens nicht bloß das Theater; in der Belletristik geht es nicht besser. Der Literaturwissenschaftler Dieter Borchmeyer schreibt: »Aus der ungeheuren Flut von Unterhaltungsromanen im späten 18. Jahrhundert (moralischen und historischen, Ritter-, Abenteurer-, Räuber-, Geheimbund- und Geisterromanen) ragt durch seine außerordentliche Beliebtheit in ganz Europa die ›romantische Geschichte‹ des Räuberhauptmanns Rinaldo Rinaldini (1799) von Goethes Schwager und Mitarbeiter am Weimarischen Theater

Christian August Vulpius (1762–1827) hervor. Kein Zweifel – die im literarischen Bewusstsein Europas um 1800 präsentesten, jedenfalls aber meistgelesenen Weimarer Autoren hießen nicht Wieland, Goethe oder Schiller, sondern Kotzebue und Vulpius.«

1802 hat Schiller, mit Hilfe von Darlehen und Verlagsvorschüssen, das kleine Haus an der Esplanade in Weimar gekauft. Der eigentliche Konflikt mit dem Weimarer Hof, der ihm seit Jahren bewusst ist, lässt sich dadurch auch nicht beheben. Am 20. März 1804 schreibt er an seinen Schwager Wilhelm von Wolzogen: [...] *ich verliere hier zuweilen die Geduld, es gefällt mir hier mit jedem Tage schlechter, und ich bin nicht willens, in Weimar zu sterben. Nur in der Wahl des Ortes [...] kann ich mit mir noch nicht einig werden [...], wenn es meine Gesundheit erlaubte, so würd ich mit Freuden nach dem Norden ziehen [...]*. Später, am 16. Juni 1804, wieder an Wolzogen: [...] *und ich sehe mich hier in so engen kleinen Verhältnißen, daß es ein Wunder ist, wie ich nur einiger maaßen etwas leisten kann, das für die größere Welt ist.*

Hinter diesen Worten verbirgt sich die dringende Absicht, in bessere, das heißt gesichertere Lebensverhältnisse umzusiedeln, wo immer die sich finden lassen. Ein offenes und vertrauensvolles Verhältnis zum Weimarer Herzog (wie es, zumindest teilweise, dem Dichter und hohen Beamten Goethe gelingt) kommt für Friedrich Schiller gleichfalls nicht zustande.

1801 schreibt Carl August an Caroline von Wolzogen: »So oft und dringend bat ich Schillern, ehe er Theaterstücke unternähme, mir oder sonst jemandem, der das Theater einigermaßen kennt, die Gegenstände bekannt zu machen, die er behandeln wollte. So gerne hätte ich alsdann solche Materien mit ihm abgehandelt, und es würde ihm nützlich gewesen sein; aber alle meine Bitten waren vergebens.« Caroline hat daraufhin versucht, ihren Schwager zum ästhetischen Vertrauen in den Herzog zu überreden. Es ist ihr nicht gelungen. Er weiß zu genau, auf welch persönliche Ziele der Weimarer Herzog mit seiner so genannten Zusammenarbeit peilt.

Tatsächlich hat Carl August die Schillersche Dramatik nicht gemocht. *Die Jungfrau von Orleans* mochte er in Weimar nicht aufgeführt sehen, weil seine Mätresse Jagemann vom Fach her die Jungfrau hätte geben müssen – Carl August fürchtete zu Recht ein öffentliches Gespött über solche Besetzung. Der *Carlos*, den Schiller schon vor Jahren aus Dresden mitgebracht hatte, hat in Weimar vorwiegend Ablehnung gefunden. Von Seiten des Herzogs wohl am stärksten. Und Schiller als betroffener Autor hat das alles sehr deutlich gespürt.

Was der Herzog für Schiller tut, geschieht vorwiegend für die Familie von Lengefeld – Charlotte war, vor ihrer Verehelichung mit dem Dichter, als Hofdame der Herzogin vorgesehen. Seit ihrer Hochzeit mit einem Bürgerlichen darf sie nicht mehr an Weimarer Hofgesellschaften teilnehmen (worunter ihre Familie offen-

166

kundig leidet). Um diesen Zustand zu beenden, gibt Carl August 1802 mehr als 400 Taler aus, um in Wien den Adelstitel für Schiller zu erkaufen. Die Folge: Charlotte darf nun wieder bei Hofe auftreten. Am 30. Januar 1803 tritt Schiller selbst erstmals als Adeliger am Weimarer Hof in Erscheinung. Als die aus Frankreich anreisende Schriftstellerin Madame de Staël ihn gelegentlich ihres Besuches im Ilmtal sieht, hält sie ihn zunächst für »le commandant des forces du Duc de Weimar« (also für einen Kommandanten der herzoglichen Truppe). Es dauert etliche Zeit, bis wenigstens dieser Irrtum sich für sie aufklärt.

Schiller hat seine durch den herzoglichen Hof nur halbwegs akzeptierte Anwesenheit am Ufer der Ilm stets als unausgesprochene Kränkung empfunden, auch wenn er öffentlich nicht darüber zu reden vermochte.

XI.

»das Ungeheure auch lerne erwarten«
1805 – Schiller erliegt seiner Krankheit

Im Mai 1804 reist Schiller, gemeinsam mit seiner wiederum hochschwangeren Frau, heimlich nach Berlin. Er geht ins Theater, sieht Iffland als Wallenstein im dritten Teil der Trilogie und lässt sich feiern. Iffland ist inzwischen Generaldirektor des Königlichen Schauspielhauses in Berlin. Auf dessen Vermittlung hin führt Schiller Gespräche mit Vertretern der preußischen Regierung.

Angeblich bietet man ihm 3000 Taler Jahresgehalt sowie Equipage, falls er sich entschließt, für immer nach Berlin zu kommen. Schiller erbittet Bedenkzeit. Nach Weimar zurückgekehrt, benutzt er das preußische Angebot, um bei Carl August um eine Verdoppelung seines Jahressalärs von bislang immer noch 400 Talern nachzusuchen. Die wird ihm diesmal gewährt. Nun schreibt Schiller nach Berlin, er sei bereit, für eine jährliche Gratifikation von 2000 Talern einen Teil des Jahres in Berlin zu verbringen und sich dort um Belange des Theaters zu kümmern. Auf diesen Brief erhält er keine Antwort mehr.

Im Juli 1804 erkrankt Schiller während seines Aufenthaltes in Jena. Die auftretenden Koliken sind derart heftig, dass ihm sein Hausarzt, Geheimrat Stark, *keine halbe Stunde mehr Leben geben wollte*. Eine Besserung will während des Sommers nicht eintreten. Am 10. August fühlt er sich *matt und angegriffen*. Am 6. September schreibt er: *Ich vegetire nur so hin*. Am 5. Oktober fühlt er sich *durch einen starken Katarrh noch angegriffen*. Erst um die Monatsmitte ist er ein wenig gekräftigt; innerhalb weniger Tage entsteht das Festspiel *Die Huldigung der Künste*, zum Empfang des Erbprinzenpaares Carl Friedrich von Sachsen-Weimar und Maria Pawlowna, Großfürstin von Russland. Im November folgt ein Lungenkatarrh, der am 23. Dezember *noch immer in einem schrecklichen Grade herrscht* und ihn am 18. Januar *leider noch sehr plagt und verstimmt*. Am 9. Februar 1805 erkrankt er erneut heftig. Seine Frau notiert in einem ihrer Gelegenheitsgedichte am 24. Februar die gänzlich hoffnungslosen Verse:

> »Die Liebe senkt gelähmt den matten Flügel,
> Vom Hauch des rauen Nordens angeweht;
> In Nacht gehüllt sind mir die Sonnenhügel,
> Auf denen lächelnd sonst die Hoffnung steht!
> Nun locken mich nicht freudige Gesichte
> In eine schöne, bessre Welt hinein!
> Nur halb beleuchtet steht im Dämmerlichte
> Des Lebens letzter, matter, trüber Schein.«

Charlotte schreibt diese verzweifelten Reimzeilen wenige Monate nach ihrem achtunddreißigsten Geburtstag.

Im März und April ringt Schiller dem schwachen Körper die Weiterarbeit am *Demetrius*-Projekt ab. Am 25. April gesteht er in einem Brief an seinen Freund Körner die verzweifelte Hoffnung, wenigstens das fünfzigste Lebensjahr zu erreichen. Sie wird nicht mehr eingelöst. Am 1. Mai erleidet Schiller während einer Theateraufführung einen völligen physischen Zusammenbruch, von dem er sich nicht mehr zu erholen vermag. Seine letzten Tage sind von qualvollen Schmerzen bestimmt. Am späten Nachmittag des 9. Mai stirbt Friedrich Schiller im Alter von fünfundvierzig Jahren (da ist seine jüngste Tochter Emilie Henriette Luise erst knappe zehn Monate alt). Die Sektion durch den Weimarer Hofmedikus Dr. Huschke ergibt als Todesursache: akute Lungenentzündung mit weit fortgeschrittener eitriger Zerstörung der linken Lunge, Entartung der Herzmuskulatur sowie Deformation im Verdauungstrakt.

Die Beisetzung erfolgt am 12. Mai nachts 1 Uhr im Kassengewölbe der St. Jakobskirche; es ist die Begräbnisstätte für »Leute von Stand«, die kein eigenes Erbbegräbnis besitzen.

Am folgenden Tag hält Generalsuperintendent Vogt die kirchliche Gedächtnisfeier. »Die Kirche faßte die Zuhörer nicht, viele derselben standen vor den Eingängen«, heißt es in einem zeitgenössischen Bericht.

Das Begräbnis im Kassengewölbe ist anonym: Keine Inschrift verzeichnet, wer hier ruht. In den folgenden Jahren werden zerfallene Särge, vermoderte Knochen

170

einfach beiseite geräumt. Im Jahre 1819 prangert die in Berlin erscheinende Zeitschrift *Der Gesellschafter* den schludrigen Umgang mit Schillers sterblichen Überresten an. Es kommt zu einer nationalen Pressekampagne. 1826 lässt der weimarische Bürgermeister Karl Leberecht Schwabe heimlich und bei Nacht die Falltür zum Kassengewölbe öffnen und sucht im trüben Laternenschein höchstselbst nach dem Schädel des berühmten Dichters. Dreiundzwanzig Totenschädel sind die Ausbeute dieser Suchaktion. Nach visuellem Vergleich mit Schillers Totenmaske entscheidet sich Schwabe für den größten der gefundenen Totenköpfe – das soll Schillers Schädel sein. Schwabe will ihn auf dem neuen Friedhof würdig bestatten lassen. Nicht so der Geheime Rat von Goethe. Er besteht darauf, den Schädel in der Großherzoglichen Bibliothek aufbewahren zu lassen. Der Großherzog signalisiert sein Einverständnis. Am 17. September überreicht Bürgermeister Schwabe die Knochentrophäe feierlich an Goethes Sohn August – der Olympier hat sich aus Sorge vor emotionaler Erschütterung entschuldigen lassen. 1827, zu Goethes Geburtstag, kommt König Ludwig I. von Bayern nach Weimar. Er begehrt, die letzte Ruhestätte des Dichters Schiller zu besuchen. Als man ihm einen nackten Schädel vorhält, ist der König aufs Höchste empört. Sein Protest veranlasst schließlich den Großherzog Carl August zu der Anordnung, Schillers sterbliche Überreste in der neu erbauten Fürstengruft beizusetzen.

Der Streit um Schillers Gebeine ist damit noch längst nicht beendet. 1912 gräbt der Tübinger Anatom August von Froriep im Kassengewölbe am Jakobsfriedhof einen Schädel aus, den er als den echten Schillerkopf bezeichnet. Als Beweis präsentiert Froriep einen Lederhut, den Schiller häufig zu tragen pflegte und der für den durch Schwabe ausgewählten Schädel zu klein ist. Um keine falsche Entscheidung zu fällen, beschließt man in Weimar, den neuen Fund in einen kleineren Sarg zu legen und gleichfalls in der Fürstengruft zu deponieren.

1959 zeigt der ältere Schillersarg Spuren von Fäulnis; er muss erneuert werden. Zur Eröffnung der Tumba reist der sowjetische Gesichtsplastiker Michail M. Gerassimow an. Er erklärt den Schwabeschen Schädel für den echten und rekonstruiert nach ihm eine Schillerplastik. Drei Jahre später widersprechen Wissenschaftler aus Halle und Jena dem Gerassimowschen Befund. Der Schädel von Schwabe enthält Zahnersatz – Schiller aber soll bei seinem Tod ein intaktes Gebiss besessen haben. Der Streit um Schillers wirklichen Schädel ist bis heute nicht entschieden.

Noch widersprüchlicher sind bis zum heutigen Tag die Interpretationen und gesellschaftlichen Inanspruchnahmen von Schillers Leben und Werk geraten. Nationale, revolutionäre, faschistische oder sozialistische Tendenzen sind ihm durch mindestens anderthalb Jahrhunderte wechselnd nachgesagt und abgesprochen worden. Davon wird noch zu reden sein.

Wenige Jahre nach Schillers Tod entschließt sich Caroline von Wolzogen, das Leben ihres berühmten Schwagers Friedrich Schiller aufzuschreiben: Es soll eine offizielle Schiller-Biographie der Familie werden. Sie sammelt auch über mehrere Jahre hinweg Informationen zu jenen Lebensabschnitten, von denen sie wenig weiß – also vorwiegend über Schillers Jugendjahre in Stuttgart und Mannheim. Aber die Quellen sind spärlich; und die Beziehungen zu Schillers Schwester Christophine Reinwald in Meiningen sind überaus angespannt. In den zwanziger Jahren hat Caroline die Arbeit, die noch immer zu keinem befriedigenden Fortschritt gelangt ist, beiseite gelegt. Da erhält im Juni 1828 Schillers Sohn Ernst in Trier durch Andreas Streichers Sohn Johann Babtist die erste Abteilung der Erinnerungen an Schillers Flucht aus Stuttgart und die unsteten Exiljahre bis 1785 überreicht. Dieser Umstand löst in der Familie Irritation und Bestürzung aus. Caroline schreibt an Ernst von Schiller: »Kannst du, so schicke mir Streichers Manuskript zu, und frage ihn, ob man es in die Biographie einverleiben darf, und in welcher Art er dies gehalten wünscht, ob mit seinem Namen besonders, oder wie sonst. Diesem gutgesinnten Mann muß man freundlich begegnen. Auch ist mir die Epoche von deines Vaters Leben in Stuttgart, beim Austreten aus der Academie, wie von dem in Mannheim, sehr dunkel. Alles muß im Großen gehalten werden. Kleine Einzelheiten, die nicht charakteristisch sind, waren ihm selbst zuwider.«

Anders reagiert Schillers Schwester Christophine Reinwald, die den Manuskriptausschnitt durch Ernst von Schiller zur Durchsicht erhält. Sie schreibt an Streicher: »Ich habe ihr Manuskript mit dem größten Interesse und unter vielen Tränen gelesen. [...] Ich habe aus dieser Schrift vieles erfahren, das ich nie geahndet hätte, da mein Bruder nie mit Klagen über sein Schicksal die Eltern und Schwestern seit seiner Entfernung betrübte.«

Christophine beklagt im gleichen Brief die Haltung der Verwandten, vorzüglich Carolines: »Diese Person hat schon vor 12 Jahren ebenfalls eine Geschichte schreiben wollen, hat mich auch um Notizen ersucht, die ich damals gegeben, aber in dieser ganzen Zeit nichts zutage gefördert.«

Schließlich bittet sie Streicher noch um Nachsicht für ihre eigene, schwierige Situation: »Indessen muß ich um der nahen Verwandtschaft willen und die vielen Rücksichten, die man gegen diese Stände nehmen muß, doch äußerst behutsam sein.«

Jedenfalls wird Streichers Aktion zum Anlass, dass Caroline von Wolzogen die Arbeit an ihrer eigenen Schiller-Biographie wieder aufnimmt; ihr Buch *Schillers Leben* erscheint 1830. Auf ihren Vorschlag, Streichers Erinnerungen anzukaufen und nach eigener Art, also »im Großen gehalten«, zu verwerten, geht dieser nicht ein. Sein Buch erscheint erst postum, im Jahre 1836, unter dem Titel *Schillers Flucht von Stuttgart und Aufenthalt in Mannheim 1782 bis 1785*, herausgegeben durch

174

seine Kinder. Sie erfüllen damit seine testamentarische Bitte, die Erinnerungen unverändert in Druck zu geben. Daran scheitert auch Ernst von Schillers vorsichtige Bitte, wenigstens im Titel der Schrift das Wort »Flucht« durch »Entfernung« zu ersetzen.

Das Buch des Andreas Streicher hat beim Publikum nicht den verdienten Erfolg; doch es wird für spätere Biographen zur wichtigsten Quelle über Schillers bewegte Jugendjahre bis hin zum gescheiterten Rückkehrversuch nach Württemberg.

Epilog
Ein kurzes Wort zu Schillers Nachwirkungen

Unmittelbar nach Schillers Tod schreibt Goethe einen merkwürdigen *Epilog zu Schillers Glocke*, also ausgerechnet zu jenem Text, der einst blitzschnell als Füllsel für seine lästig gewordene Zeitschrift angefertigt worden war. Dieser Epilog wird am 10. August 1805 zusammen mit Schillers *Lied von der Glocke* während einer Gedenkfeier im Theater zu Bad Lauchstädt rezitiert. Darin heißt es:

»Den Lebenswürd'gen soll der Tod erbeuten?
Ach! wie verwirrt solch ein Verlust die Welt!
Ach! was zerstört ein solcher Riß den Seinen!
Nun weint die Welt, und sollten wir nicht weinen?

Denn er war unser! Wie bequem gesellig
Den hohen Mann der gute Tag gezeigt,
Wie bald sein Ernst, anschließend, wohlgefällig,
Zur Wechselrede heiter sich geneigt,
Bald raschgewandt, geistreich und sicherstellig
Der Lebensplane tiefen Sinn erzeugt
Und fruchtbar sich in Rath und Tath ergossen;
Das haben wir erfahren und genossen.

Denn er war unser! Mag das stolze Wort
Den lauten Schmerz gewaltig übertönen!
Er mochte sich bei uns, im sichern Port,
Nach wildem Sturm zum Dauernden gewöhnen.
Indessen schritt sein Geist gewaltig fort
Ins Ewige des Wahren, Guten, Schönen,
Und hinter ihm, in wesenlosem Scheine,
Lag, was uns alle bändigt, das Gemeine.

[…]

Ihr kanntet ihn, wie er mit Riesenschritte
Den Kreis des Wollens, des Vollbringens maß,
Durch Zeit und Land, der Völker Sinn und Sitte,
Das dunkle Buch mit heiterm Blicke las;
Doch wie er athemlos in unsrer Mitte
In Leiden bangte, kümmerlich genas,
Das haben wir in traurig schönen Jahren,
Denn er war unser, leidend miterfahren.

[…]

Auch manche Geister, die mit ihm gerungen,
Sein groß Verdienst unwillig anerkannt,
Sie fühlen sich von seiner Kraft durchdrungen,
In seinem Kreise willig festgebannt:
Zum Höchsten hat er sich emporgeschwungen,
Mit allem, was wir schätzen, eng verwandt.

So feiert Ihn! Denn was dem Mann das Leben
Nur halb ertheilt, soll ganz die Nachwelt geben.«

Es gibt wohl mehrere Motive für diese Haltung Goethes: einerseits gewiss Ehrerbietung an den Verstorbenen; andererseits will er offenkundig auch an Schillers schnell wachsender Popularität teilhaben.

Um die Mitte des 19. Jahrhunderts formiert sich dann eine massive, ziemlich einheitliche Interpretation des seit einem halben Jahrhundert toten Schiller. Der 100. Geburtstag des Dichters im Jahre 1859 wird zum Gipfelpunkt einer nationalen Schiller-Verehrung. Es ist, als gelte es, die im *Don Carlos* an den König von Spanien gerichteten Worte des Marquis von Posa nun auf Schiller zu münzen: *Werden Sie uns Muster des Ewigen und Wahren!* In vielen Städten Deutschlands werden Denkmäler eingeweiht, Gedenkfeiern begangen, Straßen und Plätze nach ihm benannt und zahlreiche seiner Stücke aufgeführt.

Am 10. November 1859 entsteht die Deutsche Schillerstiftung, die deutschen Schriftstellern Beistand anbietet.

Das Goethe-Schiller-Denkmal vor dem Weimarer Theater wird zunächst vor allem für den Schiller-Kult bedeutsam. Die Familie Gleichen-Rußwurm stiftet 1889 den ererbten Nachlass Schillers dem unlängst eingerichteten Weimarer Goethe-Archiv; seitdem heißt es Goethe-und-Schiller-Archiv. 1890 wird in Wenigenjena

an der Kirche, in der Schiller und Charlotte von Lengefeld getraut wurden, eine Gedenktafel angebracht.

In Marbach am Neckar entsteht 1903, errichtet vom
Schwäbischen Schillerverein (der sich später in Deutsche
Schillergesellschaft umbenennt), ein Schiller-Nationalmuseum, das äußerlich an eine verkleinerte Solitude
erinnert. Es liegt auf einem Kalksteinhügel über der Ort-
schaft, den der kleine Schiller niemals betreten hat.

Aus Anlass des 9. Mai 1905, des 100. Todestages also,
hat Berthold Otto unter dem Titel *Warum feiern
wir Schillers Todestag?* geschrieben: »Wir feiern ihn deswegen, weil der Gestorbene eben nicht von uns gegangen ist. Wir feiern ihn, weil nicht der Tod i h n besiegt
hat, sondern weil e r den Tod überwunden hat. Der Tod
hat uns unsern Schiller nicht nehmen können; unser
Schiller lebt uns noch viel herrlicher, als er damals lebte, wo er als kranker Mann in Weimar mit dem Tode
kämpfte. [...] Also das ist der Dichter: Einer, der uns
allen zum Herzen spricht. Die Kritiker zeigen uns gar
nicht immer gleich die richtigen Dichter; als Schiller
noch lebte, da waren die Kritiker sehr verschiedener
Meinung, ob er überhaupt ein Dichter wäre oder
nicht. Aber die nicht gelehrten Leute, und übrigens
auch sehr viele von den gelehrten, die schwärmten
schon damals für ihren Schiller; und die Kinder und
Enkel und Urenkel haben's dann weiter getan das ganze
vorige Jahrhundert hindurch bis jetzt; und eben darum
feiern wir ihn.«

Im Nationalsozialismus setzt sich die nationale Schiller-Verehrung zugespitzt fort. Der angesehene Literaturhistoriker Herbert Cysarz, Professor an der Deutschen Universität in Prag und Repräsentant der nationalsozialistischen Literaturwissenschaft, beteiligt sich an dieser Inanspruchnahme, indem er 1934 schreibt: »Die Ungerechtigkeit in der Verteilung von reich und arm, die Niedertracht des Verschacherns von Landeskindern als Soldaten für fremde Kolonialkriege, die Mätressenwirtschaft, welche Länder aussaugt, um den Beischläferinnen der Fürsten Juwelen und Renten zu liefern, die Unzuverlässigkeit politischer Abenteurer, die sich selbst an die Spitze spielen wollen, und die Brutalität der von ihnen angegriffenen Mächte bilden Themata, die der junge Schiller auf die Bühne brachte.« Cysarz tut damit so, als realisierte bereits Schiller nationalsozialistische Grundanliegen.

Die raschen Wechsel der Inanspruchnahme Schillers sind zu allen Zeiten vor allem in dem kleinen Ort Weimar im Ilmtal erkennbar.

»Denn er war unser!« – Goethes Behauptung aus dem *Epilog zu Schillers Glocke* wurde 1934 von Joseph Goebbels, dem Reichsminister für Volksaufklärung und Propaganda, im Weimarer Nationaltheater, als er Schiller zu einer Art Vorläufer des deutschen Nationalsozialismus erklärte, umformuliert in »Er war einer der unseren, Blut von unserem Blut und Fleisch von unserem

Fleisch«. Im Jahre 1955, zum 150. Todestag Schillers, erklärte der Schriftsteller und damalige Kulturminister der DDR, Johannes R. Becher, gleichfalls in Weimar: »Friedrich Schiller ist unser, weil er unsere Jugend, unsere Heimat ist; Friedrich Schiller bleibt unser, weil er unser Volk ist, weil er an das Beste rührt, was unser Volk hervorzubringen vermochte; Friedrich Schiller ist unser, weil er unser Deutschland, unsere freie, wiedervereinigte deutsche Nation ist.« – Man vergaß in der DDR offenkundig, was Schiller einst in der *Glocke* gedichtet hatte: *Wenn sich die Völker selbst befrein / Da kann die Wohlfahrth nicht gedeihn.*

Aber mit solcher Ignoration waren die ostdeutschen Schiller-Interpreten nicht die Ersten. Schon die nationalsozialistische Schiller-Verehrung unterschlug bei ihren Auslegungen die Existenz von Schillers nichtnationalen, nichtsozialen Aussagen; etwa die unter dem Titel *Huldigung der Künste* entstandene und am 12. November 1804 im Weimarischen Hoftheater aufgesagte Hoflyrik:

Und alle, die wir hier vor Dir erschienen,
Der hohen Künste heilger Götterkreis,
Sind wir bereit, o Fürstin, Dir zu dienen,
Gebiete du, und schnell auf Dein Geheiß,
Wie Thebens Mauer bei der Leier Tönen,
Belebt sich der empfindungslose Stein,
Entfaltet sich Dir eine Welt des Schönen.

Zehn Tage später berichtete der Dichter an seinen Freund Körner über das feudale Ereignis, das er mit seinen Versen vorwegnahm: *Der Einzug war wirklich sehenswerth, denn alle Welt war auf den Beinen, und die Bergstraße nebst der ganzen Anhöhe, woran Weimar sich lehnt, war von Menschengruppen belebt. Die herzogliche Jägerey, die Kaufleute und die Schützengesellschaft, alle in ihren Uniformen, hohlten die Herrschaften ein [...] Bälle, Feuerwerk, Illuminationen, Music, Comödie u. dgl. folgten nun 20 Tage aufeinander. Das Festlichste aber an der ganzen Sache war die aufrichtige allgemeine Freude über unsre neue Prinzeßin, an der wir in der That eine unschäzbare Acquisition gemacht haben.* Dass Maria Pawlowna der deutschen Sprache nicht mächtig war, schien den Dichter in diesem Moment nicht zu kümmern.

Mitte der fünfziger Jahre des 20. Jahrhunderts haben Oberschüler vom früheren Gymnasium Bernhardinum zu Meiningen in ihren Ferien an der großen Freilichtbühne in Bauerbach mitgearbeitet, auf der das lokale Bauerntheater revolutionäre Schiller-Stücke aufführen wollte. Schon kurze Zeit später wurde jedoch das Dorf dem Sperrgebiet an der Staatsgrenze West zugeschlagen. Damit wurden Aufführungen in Bauerbach sinnlos, denn Interessenten von außerhalb durften in das grenznahe Dorf nicht mehr einreisen. Immerhin: Das Haus der Wolzogen mit den zwei Kammern im Obergeschoss, wo Schiller als Emigrant lebte, wurde als kaum besuchtes Museum erhalten. Dieser Zustand verblieb bis zum Ende der DDR. Umso mehr konzentrierte sich der Schiller-Kult auf Weimar. Seit 1953 wurde er dort vor allem dadurch konzentriert, dass Helmut Holtzhauer an diesem Ort die »Nationalen Forschungs- und Gedenkstätten der klassischen deutschen Literatur« gründete. Erst in späten DDR-Jahren (1988) erhielt man Geld, um an das Weimarer Schiller-Wohnhaus rückseitig einen Museumsbau anzuschließen.

In den sechziger Jahren wurde in Weimar eine Ausstellung unter dem programmatischen Titel *Arbeiterbewegung und Klassik* gezeigt. Im Katalog dazu hieß es: »Die Führer und Theoretiker der deutschen und der internationalen marxistischen Arbeiterbewegung zeichneten sich ohne Ausnahme durch eine so hohe Bildung aus, daß sie ihren bourgeoisen Gegnern auf jedem Gebiete überlegen waren.« – Schillers Loblied auf Maria Pawlowna hatten die Führer und Theoretiker offenbar überlesen.

In der Bundesrepublik war nach 1945 (vor allem aufgrund der Erfahrungen in der Nazi-Zeit) die politische Inanspruchnahme Schillers deutlich zurückhaltender als in der DDR. Umso mehr fiel es auf, als man in Marbach am Neckar neben das Schiller-Nationalmuseum das moderne Literaturarchiv baute und damit den in diesem Ort Geborenen und sein Werk in die moderne literarische Entwicklung Deutschlands einzuordnen begann.

In Weimar entstand nach der Wende die »Stiftung

Weimarer Klassik«, in der die wissenschaftliche Aufarbeitung der gesamten deutschen Literatur in der Klassik-Periode und um diese herum zur neuen Aufgabe geworden ist.

Was würde Schiller zu all diesen Wandlungen in Interpretation und Wirkung seiner Dichtung seit seinem Tode sagen? Vielleicht dasselbe, was er bereits als Dreißigjähriger schrieb: *Ich bin wie einer, der an eine fremde Küste verschlagen worden und die Sprache des Landes nicht versteht.*

Zeittafel

1759 Am 10. November wird Johann Christoph Friedrich Schiller in Marbach am Neckar als Sohn von Johann Caspar und Elisabetha Dorothea, geb. Kodweiß, geboren. Der Vater ist Wundarzt und Offizier.

1764 Übersiedlung der Familie Schiller nach Lorch bei Schwäbisch Gmünd

1765 Eintritt in die Lorcher Dorfschule

1767 Aufnahme in die Lateinschule in Ludwigsburg

1773 Aufnahme in die »Militärische Pflanzschule« des Herzogs von Württemberg Carl Eugen auf der Solitude bei Stuttgart (Carlsschule).
Studium der Rechtswissenschaft

1775 Überführung der Carlsschule nach Stuttgart.
Studium der Medizin.
Enge Schulkameraden sind Friedrich Wilhelm von Hoven und Georg Friedrich Scharffenstein.

1777 Schiller beginnt mit der Arbeit an seinem ersten Drama *Die Räuber.*
Lektüre von Plutarch, Shakespeare, Rousseau und Goethe

1779 Entlassung aus der Carlsschule wird abgelehnt.

1780 Entlassung Schillers aus der Carlsschule.
Dissertation *Versuch über den Zusammenhang der tierischen Natur des Menschen mit seiner geistigen.* Schiller wird Regimentsmedikus in Stuttgart.

1781 *Die Räuber* vollendet und gedruckt.
November oder Dezember: Besuch Schillers bei Christian Friedrich Daniel Schubart, der von Carl Eugen auf der Feste Hohenasperg zehn Jahre eingekerkert wurde.

1782 13. Januar: Uraufführung der *Räuber* am Nationaltheater Mannheim.
22. September: Schiller flieht mit seinem Freund Andreas Streicher aus Stuttgart nach Mannheim (Ankunft am 24. September).

Oktober/November: Aufenthalte auch in Oggersheim und Frankfurt am Main.

30. November: Abreise von Oggersheim nach Sachsen-Meiningen.

7. Dezember: Ankunft in dem kleinen Dorf Bauerbach bei Meiningen.

1783 Aufenthalt im Gutshaus der Henriette von Wolzogen bis zum 24. Juli.

Luise Millerin (*Kabale und Liebe*) wird abgeschlossen. Beginn der Arbeit an *Don Carlos*.

20. Juli: Uraufführung der *Verschwörung des Fiesko zu Genua* in Bonn.

Ab 1. September Theaterdichter am Mannheimer Nationaltheater

1784 11. Januar: Aufführung der *Verschwörung des Fiesko zu Genua* in Mannheim.

13. April: Uraufführung von *Kabale und Liebe* in Frankfurt am Main.

26. Juni: Rede in der »Kurpfälzischen Deutschen Gesellschaft« unter dem Titel *Vom Wirken der Schaubühne auf das Volk* (später: *Was kann eine gute stehende Schaubühne eigentlich wirken?* bzw. *Die Schaubühne als eine moralische Anstalt betrachtet*).

31. August: Entlassung als Theaterdichter in Mannheim.

Beginn der Freundschaft mit Christian Gottfried Körner, dem Vater Theodor Körners

1785 Mitte März: Erscheinen des einzigen Hefts von Schillers Zeitschrift *Rheinische Thalia*.

9. April: Reise nach Leipzig, Ankunft am 17. April, Begegnungen mit dem Verleger Georg Joachim Göschen und mit Christian Gottfried Körner, der ihn am 1. September nach Dresden einlädt.

11. September: Abreise von Leipzig nach Dresden

1786 Schiller schreibt die Erzählungen *Der Verbrecher aus verlorener Ehre* und *Der Geisterseher*.

1787 Druck von *Don Carlos* bei Göschen.

20. Juli: Abreise über Leipzig nach Weimar. Besuche bei Herder und Wieland (Goethe befindet sich in Italien).

Bekanntschaft mit den Schwestern Charlotte von Lengefeld und Caroline von Beulwitz, geb. von Lengefeld, in Rudolstadt

1788 Erster Besuch bei der Familie Lengefeld. Häufige Begegnungen mit den Schwestern von Lengefeld. Schiller wohnt in Volksstedt bei Rudolstadt.

7. September: Begegnung mit Goethe in Rudolstadt

1789 Mitte März: Berufung an die Universität Jena als Professor ohne Gehalt.
Übersiedlung nach Jena.
26. Mai: Antrittsvorlesung *Was heißt und zu welchem Ende studiert man Universalgeschichte?*

1790 22. Februar: Vermählung mit Charlotte von Lengefeld in Wenigenjena

1791 Januar: lebensgefährliche Erkrankung.
Juni: Gerücht von Schillers Tod.
Juli/August: Kuraufenthalt in Karlsbad.
Dezember: Erhalt einer dreijährigen Pension von Friedrich Christian Herzog von Schleswig-Holstein-Augustenburg und Minister Ernst Heinrich Graf von Schimmelmann

1792 26. August: Ernennung zum Ehrenbürger der französischen Republik durch die Pariser Nationalversammlung. Die Urkunde erhält Schiller erst am 1. März 1798.
Die Geschichte des Dreißigjährigen Kriegs erscheint. Beginn der Arbeit am *Wallenstein*

1793 *Über Anmut und Würde* und *Über die tragische Kunst* erscheinen.
1. August: Reise nach Schwaben. Aufenthalt bei den Eltern in Ludwigsburg.
Ende September: Erste Begegnung mit Hölderlin

1794 März: Übersiedlung nach Stuttgart.
6. Mai: Rückreise nach Jena.
20. Juli: Tagung der Naturforschenden Gesellschaft in Jena. Entscheidende Begegnung mit Goethe und Beginn der Zusammenarbeit.
14. bis 27. September. Auf Einladung Goethes in Weimar

1795 Januar: Erstes Heft der *Horen* veröffentlicht (die Zeitschrift erscheint bis 1797).
Beendigung der Briefe *Über die ästhetische Erziehung des Menschen*

1796 Beendigung des Aufsatzes *Über naive und sentimentalische Dichtung.*
Schiller und Goethe dichten gemeinsam *Xenien.*
Schiller gibt den *Musen-Almanach* heraus (1796–1800).

1797 Im so genannten Balladenjahr dichtet Schiller unter anderem *Der Handschuh, Die Kraniche des Ibykus, Der Taucher.*

1798 12. Oktober: Uraufführung von *Wallensteins Lager* in Weimar

1799 *Wallenstein* vollendet.
20. April: Uraufführung von *Wallensteins Tod* in Weimar.
3. Dezember: Umzug nach Weimar (Windischengasse).

1800 14. Juni: Uraufführung von *Maria Stuart* in Weimar

1801 August/September: Reise zu Körner nach Dresden.
11. September: Uraufführung der *Jungfrau von Orleans* in Leipzig
1802 29. April: Umzug in das gekaufte Haus an der Esplanade.
16. November: Schiller erhält ein Adelsdiplom aus Wien.
1803 16. März: Uraufführung der *Braut von Messina* in Weimar.
23. April: Erstaufführung der *Jungfrau von Orleans* in Weimar.
Arbeit an *Wilhelm Tell*
1804 17. März: Uraufführung des *Wilhelm Tell* in Weimar.
Mai: Aufenthalt in Berlin und Potsdam.
Zunehmende Krankheit
1805 Arbeit am *Demetrius*
Sehr schwere Erkrankung.
9. Mai: Tod Schillers.
12. Mai: Beisetzung im Kassengewölbe auf dem Friedhof der St. Jakobskirche.
(Am 16. Dezember 1827 Überführung der sterblichen Überreste in die Fürstengruft)

Bibliographie

Dieses Verzeichnis nennt die wichtigste Primär- und Sekundärliteratur zu Leben und Werk Friedrich Schillers. Das gesamte Schrifttum wird regelmäßig erfasst in:
Schiller-Bibliographie. In: Jahrbuch der Deutschen Schillergesellschaft. Zuletzt: 47 (2003). Stuttgart 2003.
Die Forschungsliteratur zu Schiller ist unübersehbar, so dass hier eine Auswahl getroffen werden musste.

Primärliteratur

Schillers Werke. Nationalausgabe. 1940 begründet von Julius Petersen. Fortgeführt von Lieselotte Blumenthal, Benno von Wiese, Siegfried Seidel. Hrsg. im Auftrag der Stiftung Weimarer Klassik und des Schiller-Nationalmuseums in Marbach von Norbert Oellers. Weimar 1943 ff. (Die Zitate aus den Dichtungen und Briefen Schillers sind dieser historisch-kritischen Edition entnommen, ohne dass sie modernisiert wurden.)

Daneben seien noch folgende Ausgaben angeführt:

Werke und Briefe. Hrsg. von Klaus Harro Hilzinger u. a. Frankfurt am Main 1988 ff. (= Deutscher Klassiker Verlag)
Sämtliche Werke. Hrsg. von Gerhard Fricke, Herbert G. Göpfert, Herbert Stubenrauch. München 1958/59 u. ö. (Carl Hanser Verlag)
Sämtliche Werke in 5 Bänden. Nach den Ausgaben letzter Hand unter Hinzuziehung der Erstdrucke und der Handschriften. Anmerkungen von Helmut Koopmann. Düsseldorf, Zürich 1997 (= Artemis/Winkler)

Sekundärliteratur

Alt, Peter-André: Schiller. Leben–Werk–Zeit. München 2000. 2 Bde.
Oellers, Norbert: Friedrich Schiller. Zur Modernität eines Klassikers. Frankfurt am Main 1996
Schafarschik, Walter: Friedrich Schiller. Stuttgart 1999 (= Reclam Universal-Bibliothek. Literaturwissen für Schule und Studium)

Schiller. Bilder und Texte zu seinem Leben. Hrsg. von Axel Gellhaus und Norbert Oellers. Unter Mitarbeit von Georg Kurscheidt und Ursula Naumann mit einem Beitrag von Roswitha Klaiber. In Verbindung mit der Deutschen Schillergesellschaft. Köln, Weimar, Wien 1999
Schiller heute. Hrsg. von Hans-Jörg Knobloch und Helmut Koopmann. Tübingen 1996
Schillers Dramen. Interpretationen. Hrsg. von Walter Hinderer. Stuttgart 1997. 1. Aufl. 1979 (=Reclam Universal-Bibliothek)
Schiller-Handbuch. Hrsg. von Helmut Koopmann in Zusammenarbeit mit der Deutschen Schiller-Gesellschaft Marbach. Stuttgart 1998
Schiller als Historiker. Hrsg. von Otto Dann, Norbert Oellers, Ernst Osterkamp. Stuttgart 1995

Wirkungsgeschichte

Oellers, Norbert: Schiller. Geschichte seiner Wirkung bis zu Goethes Tod. 1805–1832. Bonn 1967
Schiller – Zeitgenosse aller Epochen. Dokumente zur Wirkungsgeschichte Schillers in Deutschland. Hrsg., eingel. und komm. von Norbert Oellers. 1782–1964. 2 Bde. München 1970–1976
Klassiker in finsteren Zeiten. 1933–1945. Eine Ausstellung des Deutschen Literaturarchivs im Schiller-Nationalmuseum Marbach am Neckar 1983. Marbach 1983. 2 Bde.

Quellennachweise dieser Biographie

Harald Gerlach schuf seine Lebensgeschichte Schillers auf der Grundlage umfangreicher Studien im Deutschen Literaturarchiv/Schiller-Nationalmuseum in Marbach am Neckar, gefördert durch ein Stipendium der Deutschen Schillergesellschaft. Nach einer Goethe-CD-ROM im Gedenkjahr 1999 beschäftigte ihn damals das leider nicht verwirklichte Projekt einer Schiller-CD-ROM. Es blieb bei der nun aus seinem Nachlass veröffentlichten Biographie.
In seinem Arbeitszimmer fanden sich, neben vielen handschriftlichen Notizen und Entwürfen, folgende Bücher, die er bei der Ausarbeitung seines letzten Manuskriptes offensichtlich benutzt hat:
Schillers Werke in fünf Bänden. Ausgewählt und eingeleitet von Joachim Müller. Berlin, Weimar 1981. 1. Aufl. 1959 (= Bibliothek Deutscher Klassiker)

Schillers Briefe in zwei Bänden. Ausgewählt und erläutert von Karl-Heinz Hahn. Berlin, Weimar 1968 (= Bibliothek Deutscher Klassiker)

Borchmeyer, Dieter: Weimarer Klassik. Portrait einer Epoche. Studienausgabe. Aktualisierte Neuausgabe. Weinheim 1998. 1. Aufl. 1994
Buchwald, Reinhard: Schiller. Erster Bd.: Der junge Schiller. Zweiter Bd.: Wander- und Meisterjahre. Leipzig 1937. 5. Aufl., ungekürzte Ausgabe in 1 Bd.. Frankfurt am Main, 1966
Burschell, Friedrich: Friedrich Schiller. Mit Selbstzeugnissen und Bilddokumenten. 32. Aufl. Hamburg 1998 (=Rowohlts Monographien)
Hoven, Friedrich Wilhelm von: Lebenserinnerungen. Berlin 1984
Kiene, Hansjoachim: Schillers Lotte. Porträt einer Frau in ihrer Welt. Frankfurt am Main 1996
Kühnlenz, Fritz: Schiller in Thüringen. Stätten seines Lebens und Wirkens. Rudolstadt 1990
Middell, Eike: Friedrich Schiller. Leben und Werk. Leipzig 1980
Streicher, Andreas: Schillers Flucht von Stuttgart und Aufenthalt in Mannheim 1782 bis 1785. Neue Ausgabe. Stuttgart, Berlin (nach 1905)
Ueding, Gert: Friedrich Schiller. München 1990
Wild, Reiner: Goethes klassische Lyrik. Stuttgart, Weimar 1999
Wilpert, Gero von: Schiller-Chronik. Sein Leben und Schaffen. Berlin 1959

Bildnachweis

(1, 2, 3, 4, 7, 8, 9) Schiller-Nationalmuseum Marbach
(5, 11) Stiftung Weimarer Klassik
(6, 10) Rudolf Straub

Herzlichen Dank im Namen des Verlages Beltz & Gelberg an Bettina Olbrich, Ehefrau des verstorbenen Autors, für ihre umfangreiche und sorgfältige Mitarbeit an diesem Buch.